KATIE QUINN DAVIES
iniciou sua carreira como
designer gráfica e, em 2009,
concentrou sua vocação artística na
FOTOGRAFIA DE CULINÁRIA.
Pouco depois nasceu seu blog
"WHAT KATIE ATE", que se
tornou um *fenômeno na internet*,
com um *enorme* número de seguidores
na *Austrália*, na Europa e nos EUA.
Quando não está fotografando para
anúncios ou *matérias* de
revistas de culinária ou estilo,
em seu estúdio em *Sydney*,
Katie *adora* cozinhar
e atualizar o blog
com receitas *novas* e *sazonais*.

whatkatieate.com

Quando Katie Cozinha

Receitas e outras coisinhas

Fotografado por
Katie Quinn Davies

PANELINHA

Sumário

Introdução *página 2*

página 10 Dicas e truques

Café da manhã *página 15*

página 41 Almoço

Saladas *página 77*

página 105 Canapés e bebidas

Jantar *página 129*

página 197 Acompanhamentos e molhos

Sobremesas *página 235*

página 291 Obrigada!

Índice remissivo *página 293*

INTRODUÇÃO

Nº. 2

Katie Quinn Davies

Introdução

Nasci e cresci em Dublin, então sempre adorei comida caseira, saborosa e bem preparada, embora tenha começado a cozinhar apenas quando tinha pouco mais de trinta anos (sem contar, é claro, quando eu tinha seis anos de idade e apresentava meu próprio programa de culinária nas manhãs de sábado; eu acordava supercedo, enquanto toda a família ainda dormia, e, imitando Delia Smith, usava os ingredientes da despensa para inventar alguma meleca!). Aos dez anos, minha ideia de refeição perfeita consistia em uma grande quantidade de doces, quantos pudessem caber na boca, regados com raspadinha. Não venho de uma família particularmente ligada à culinária. Embora minha mãe fosse uma boleira incrível e preparasse pratos para grandes festas com excelência, se lhe dessem uma salsicha ou uma peça de carne ela cozinharia até virar carvão.

Passei a maior parte dos meus vinte anos trabalhando em Dublin como designer gráfica. A Irlanda passava por um boom econômico, e era um ótimo momento para estar envolvido com a indústria criativa: eu adorava. Ao longo do caminho, conheci meu marido australiano Mick, e, em 2006, nos mudamos para Melbourne, onde consegui um emprego como diretora de arte em um estúdio de ponta. Foi nessa época que, depois de dez anos de uma carreira de designer bem-sucedida e apesar de meu amor por tudo o que se relacionava ao assunto, comecei a me questionar se aquele era mesmo o caminho certo para mim. Todos os dias, eu me arrastava relutante para o trabalho com a sensação de que algo melhor me esperava na próxima esquina, mas, frustrada, não conseguia descobrir o que era.

Então, em 2009, minha mãe faleceu, exatamente vinte anos depois de meu pai, que morreu relativamente jovem, com 55 anos. Ela sofria do mal de Alzheimer havia muitos anos, e minha irmã Julie cuidou dela nos estágios finais de sua vida, em Dublin, enquanto eu estava na Austrália. Depois de sua morte, finalmente fui impulsionada a solucionar minha vida profissional e, com o dinheiro que ela e meu pai me deixaram, pude largar meu trabalho como designer e passar algum tempo decidindo o que ia fazer.

Por alguma razão, tudo com o que eu me envolvia, ao longo dos meses seguintes, girava em torno de comida; estava se tornando uma verdadeira paixão. Primeiro, decidi me tornar a rainha dos cupcakes na Austrália e abrir minha própria loja. Depois de mais ou menos uma semana preparando cupcakes 24 horas por dia, sete dias por semana, eu já estava exausta e enjoada de tanto experimentar cobertura. Então, eu ia ser a rainha das coberturas de cupcake na Austrália, o que envolvia gastar uma pequena fortuna com bicos para confeitar e toda aquela parafernália e passar duas semanas coberta, da cabeça aos pés, de glacê real fosforescente (afinal, quão difícil pode ser cobrir perfeitamente um bolinho? É impossível, garanto!). Próximo passo, macarons. Deus do céu, por quê? Essa fase envolve Mick chegando do trabalho e me encontrando todo dia banhada em lágrimas, num canto da cozinha, coberta de amêndoas e suspiro, depois de catorze tentativas frustradas de preparo. Dica: Deixe os macarons para a Ladurée. É tudo o que vou dizer sobre aquela semana infernal da minha vida.

Todas essas experiências fracassadas deixaram um vazio enorme em mim. Então, numa noite de domingo, enquanto preparava o jantar para Mick, uma ideia me atingiu como um raio: eu ia juntar minha formação artística com meu amor pela cozinha e me tornar fotógrafa e produtora culinária. Eu havia estudado fotografia na escola de arte e adorava. Em meu trabalho como designer, passara muito tempo em sessões fotográficas. Além disso, era fascinada pela arte do *food styling*. Lembrei-me de que, quando voltei para Dublin, trabalhei com um amigo fotógrafo, John Jordan, que costumava dividir seu estúdio com um fotógrafo especializado em culinária — e que

Introdução continuação...

eu ficava completamente absorvida observando o produtor preparar, meticulosamente, os pratos para as fotos. Embora estivesse ciente de que começar uma nova carreira, como fotógrafa culinária profissional, aos 33 anos de idade seria uma batalha difícil, eu estava pronta!

Com essa determinação, comprei boas máquinas fotográficas, me matriculei em um curso de fotografia digital de meio período e comecei a cozinhar, decorar pratos e fotografá-los em casa. Aprendi rapidamente alguns truques da profissão, começando por ter que comprar cerca de dez vezes mais ingredientes do que o necessário para conseguir um único clique perfeito (dezessete hambúrgueres quase frios, alguém quer?). Na verdade, li que hambúrgueres, sanduíches e sorvetes podem ser complicados de fotografar, e, por certa teimosia, comecei lidando com eles; eu realmente adorava arrumá-los repetidas vezes para obter o resultado perfeito. Mas foi apenas depois, quando soube que a Getty Images quis comprar quarenta fotos minhas, que acreditei que seria realmente capaz de realizar esse trabalho. Nos nove meses seguintes, continuei a cozinhar e clicar, cozinhar e clicar, praticando sem descanso. Falhei em muitas ocasiões, e foi nesses momentos que aprendi mais. Tudo o que sei hoje devo aos meus erros e às ideias que tive para resolvê-los, mesmo que me custassem quatro ou cinco tentativas.

Embora estivesse ocupada aperfeiçoando meu estilo, sabia que também precisava incrementar meu perfil como fotógrafa e apresentar meu trabalho para um público maior. Meu professor de fotografia, Mark Boyle, sugeriu que eu começasse meu próprio blog, que poderia servir como portfólio. No início hesitei, porque acreditava que blogs eram para escritores de verdade, mas, quando ele sugeriu que eu o chamasse de "What Katie Ate", me apaixonei pela ideia. Havia lido os livros *What Katy Did* quando criança e eles tinham me impressionado. Então, resolvi dar uma chance ao blog, postando fotos dos meus esforços culinários diários acompanhados por um textinho. Depois de algumas semanas, sentindo-me um pouco idiota e convencida de que falava comigo mesma, parei de atualizar o blog. Dez meses mais tarde, recebi um e-mail de uma leitora me perguntando por que havia parado e dizendo que sentia falta de ler sobre minhas aventuras culinárias. Fiquei tocada — e surpresa — e isso me inspirou a continuar, atualizando o blog sempre que conseguia encontrar tempo entre as fotos.

Na época, Mick e eu nos mudamos para Sydney e eu trabalhava regularmente como fotógrafa culinária. O número de leitores do blog logo começou a aumentar, e eu elaborava e produzia minhas próprias receitas em cada postagem. Foi também nessa época que me fizeram uma proposta para transformar o blog em livro, e eu, claro, agarrei a oportunidade. Fiquei entusiasmada em registrar alguns de meus pratos favoritos do blog, além de mostrar novas fotografias e receitas. Meu próprio livro de culinária — quem diria?

Acredito que meu estilo seja bem descrito como simples e sazonal. Não sou, de forma alguma, uma chef treinada, mas alguém que adora os rituais da culinária e o prazer que ela oferece às pessoas. Gosto de fazer experiências na cozinha, misturando um pouco disso e daquilo, inventando novas receitas e juntando ingredientes diferentes (o que não está muito distante do que eu fazia aos seis anos de idade!). Também adoro experimentar receitas de familiares e amigos, muitas das quais se tornaram parte de meu repertório regular (com um "toque de Katie" aqui e acolá). Várias delas aparecem no livro, especialmente receitas do meu marido, Mick, que é um cozinheiro fantástico, e dos pais dele, os maravilhosos Bob e Sheila (sim, eles são australianos e, sim, esses são seus nomes verdadeiros!).

INTRODUÇÃO

№. 5

Introdução continuação...

Adoro receber os amigos para jantar aos sábados, compartilhar comida, vinho e música excelentes, e muitas das minhas receitas são escritas tendo em mente esse tipo de evento. Alguns pratos são rápidos e fáceis, outros levam mais tempo para preparar, mas a maioria pode ser feita com algumas horas de antecedência (e até mesmo na noite anterior), dando a você mais tempo para se dedicar aos amigos. Na verdade, preparar a comida é um dos detalhes de que mais gosto — acho muito relaxante. Costumo mergulhar completamente nesse trabalho e sou conhecida por passar até um dia inteiro na cozinha a fim de deixar tudo pronto para um jantar especial. Também adoro fazer canapés, embora tenha percebido que sou uma minoria (grande parte das pessoas prefere arrancar os próprios dentes a preparar entradas em miniatura para cinquenta pessoas, mas eu realmente gosto!).

Adoro comer fora e, quando encontro um prato que me impressiona, procuro recriá-lo em casa, tentando adivinhar que ingredientes foram utilizados em seu preparo e combinar sabores ou ideias de outras receitas para criar uma nova versão. Em geral, não gosto de levar meu trabalho na cozinha muito a sério e acho que isso se reflete na maneira como decoro os pratos. Se tiro uma torta do forno e percebo que o centro dela murchou, improviso enchendo-o com ervas secas, para dar ao prato um ar rústico e elegante — e o sabor ainda será delicioso. Se quero comida três estrelas do guia Michelin, me presenteio com uma refeição em um bom restaurante e elogio o incrível trabalho dos chefs profissionais. Em casa, prefiro ser realista.

Sou louca por saladas, mas isso não significa que coma que nem um coelho (vamos encarar a verdade, há um limite de alface, pepino e tomate que alguém aguenta consumir). Orgulho-me de inventar maneiras de produzir a velha salada, de modo que ninguém sente que está comendo grama, mas que está saboreando algo gostoso e saudável. Não é nada tão inovador, mas ao longo do tempo percebi que para enriquecer uma salada basta adicionar frutos secos, sementes ou algo do gênero. Sementes de abóbora levemente tostadas são excelentes, embelezam o prato e adicionam textura a ele, assim como sementes de girassol e chia (que são repletas de nutrientes). Lascas de queijo também dão um toque especial e quebram sua monotonia. Saladas são muito versáteis — costumo comer quase todas as noites, normalmente acompanhando um bom filé, peixe ou peito de frango. Também costumo preparar uma ou duas saladas para os churrascos de fim de semana na casa dos amigos — sempre cai bem.

Este ano que passei compilando o que seria publicado no livro foi uma jornada incrível. Houve muitos altos e, devo admitir, alguns baixos — a quantidade de trabalho que envolve escrever, cozinhar, decorar, fotografar e diagramar um livro de receitas, praticamente sozinha, foi uma espécie de revelação para mim (e para Mick, que seguiu nessa viagem comigo bem de perto). Mas sempre que sentia que tudo caía sobre meus ombros, eu me voltava para o blog e me deixava incentivar pelos comentários dos leitores (frases como: "contando os dias até o lançamento do livro!"). Era incrivelmente inspirador e sempre me fazia querer prosseguir. Espero que você goste de cozinhar — e de comer — comigo.

dicas e truques

Como alguém que só se interessou por culinária aos trinta anos, aprendi muito em relativamente pouco tempo e extrapolei minha cota de erros! Aqui está um pouco da sabedoria culinária que adquiri ao longo do caminho — dicas e truques que certamente tornarão seu trabalho na cozinha mais fácil.

Massa pré-assada para tortas e tortinhas

Adoro preparar meus próprios canapés, e uma das minhas especialidades é uma tortinha minúscula preparada em fôrma de minimuffin. Depois de muitas tentativas frustradas de forrar cada pequeno orifício com papel e pesinhos, encontrei uma solução fácil — passei a cobrir a massa de uma fôrma com outra fôrma do mesmo tamanho, criando assim o peso ideal. Forre as forminhas com os círculos de massa, usando um pilão (se tiver) ou os dedos, para pressionar a massa delicadamente. Pegue a segunda forminha, vire e unte a parte de baixo dela. Pressione firmemente sobre a primeira e, *voilà*, elas estão prontas para ser resfriadas ou pré-assadas. Você vai precisar de um estoque de fôrmas para minimuffins (para preparar 24 bases para torta, serão necessárias quatro fôrmas com doze orifícios, a não ser que prefira assá-las em várias fornadas), mas elas não são caras e podem ser muito úteis caso queira preparar uma grande quantidade de muffins.

Chocolate

Nas receitas, uso sempre chocolate com pelo menos 60% a 70% de cacau (minha marca favorita é a Valrhona). Isso é importante, pois adiciona um toque de sabor a mais, sem ser exageradamente doce. Se for derreter o chocolate em banho-maria, tome cuidado para não deixar a água ferver. Se ficar muito quente, o chocolate vai talhar e será preciso começar o processo novamente, o que é um tormento (e pode sair bem caro!). Use o tempo necessário e seja paciente — o resultado valerá a pena.

Cortando cebolas

Você está prestes a descascar e cortar uma cebola? Não faça o que minha sogra costuma fazer. Ela coloca óculos de soldador, bem grossos, para não chorar (ha-ha-ha — sério!). Em vez disso, deixe os pulsos sob água corrente por um ou dois segundos antes de começar e mantenha-os molhados enquanto corta a cebola. Outra opção é mastigar um pedaço de chiclete — funciona mesmo!

Cozinhando com bebidas alcoólicas

Adoro usar bebidas alcoólicas em meus pratos, principalmente quando preparo doces — realmente dão um sabor especial. Por ser louca por avelãs, uso muito o Frangelico (licor de avelã), mas você pode usar seu licor favorito — Amaretto, Kahlua, Baileys, a lista é grande. Se preferir não usar álcool em seus pratos, basta substituí-lo por leite.

Espremendo limão

Costumo usar bastante caldo de frutas cítricas em meus pratos, pois adiciona um frescor e uma acidez adoráveis. Descobri que é possível extrair mais caldo do limão siciliano e do taiti colocando-os no micro-ondas por cerca de um minuto e depois girando-os sobre uma tábua, pressionando com a palma da mão, antes de cortar e espremer. Se estiver preparando um churrasco com carne bovina, frango ou peixe, corte um limão ao meio e coloque sobre a grelha por um ou dois minutos, com as partes cortadas voltadas para baixo. Depois esprema o caldo sobre a carne ou o peixe enquanto assa. Grelhe mais alguns para servir — ficam com um visual fantástico e bastante suculentos.

dicas e truques

Maionese
Na maionese, nunca uso azeite extravirgem — não gosto do sabor forte que dá a ela. Prefiro um azeite mais suave ou uma mistura com óleo de canola. Evite usar o extravirgem para cozinhar porque forma fumaça e tende e ficar quente demais em pouquíssimo tempo. Use azeite suave ou normal, ou óleo de canola, e deixe seu azeite caro para molhos e pastas.

Suspiros
Para garantir que os suspiros fiquem sempre perfeitos, esfregue meio limão na parte interna da tigela da batedeira antes de começar, removendo assim qualquer traço de óleo. As claras se comportam melhor quando estão em temperatura ambiente, por isso tente retirá-las da geladeira e separá-las bem antes de começar a cozinhar (ou, de preferência, separe os ovos no dia anterior e guarde-os numa tigela, cobertos, sobre a bancada).

Salvando um ganache
Adoro um bom ganache — além do sabor fantástico, ele tem um brilho incrível. Preparei algumas vezes e atingi minha cota de desastres (principalmente desperdiçando chocolate). Se seu ganache talhar, bata com um mixer e ele voltará ao ponto normal rapidamente. Para evitar que isso aconteça, descobri que, despejando o creme de leite no chocolate frio e depois deixando a mistura descansar por 5 minutos antes de mexer, a chance de que talhe será de quase zero.

Esterilizando vidros e garrafas para conservas
Para esterilizar vidros e garrafas, leve uma panela grande com água ao fogo até ferver. Verifique se os vidros não têm furos ou rachaduras e depois retire as tampas. Coloque tudo, inclusive as tampas, na água fervente, certificando-se de que fiquem completamente submersos, e deixe borbulhar por 10 minutos. Com cuidado, retire da água e coloque para escorrer, virados com a boca para baixo, sobre um pano de prato limpo. Use um funil ou concha para encher os vidros e as garrafas, deixando 1 cm de espaço vazio no gargalo. Seque as bordas com um pano limpo e, em seguida, tampe.

Produtos caipiras
Ao longo deste livro, você vai perceber que sugiro o uso de ovos e frango caipiras nas receitas. Acredito realmente que todos devemos fazer um esforço para assegurar que os animais que comemos passem pelo menor sofrimento possível. Nos dias de hoje, não há desculpa para comprar ovos ou carne de animais criados presos. Sugiro também que vá ao açougueiro local. Frequentemente, eles adquirem seus produtos em pequenas fazendas independentes, que tendem a valorizar o bem-estar de seus animais.

OS ITENS NÃO-DÁ-PRA-VIVER-SEM NA COZINHA SÃO:

Um descaroçador de azeitona — cortar a fruta para retirar o caroço é uma das tarefas mais trabalhosas de todos os tempos! Este pequeno utensílio faz isso em segundos e também funciona com cereja.

Um mixer — tenho um da marca Bamix que é incrível. Eu o utilizo principalmente para fazer maionese; leva literalmente 10 segundos.

Uma batedeira KitchenAid — não há muito que eu possa dizer que já não tenha sido dito sobre este equipamento. Invista em um e nunca irá se arrepender.

Todas as receitas deste livro foram desenvolvidas e testadas usando um forno de convecção. Se usar um forno convencional, você vai precisar aumentar a temperatura em 20 °C, mas o tempo de cozimento pode variar, dependendo de cada modelo.

CAPÍTULO Nº 1

Café da manhã

Smoothies de banana, morango e GENGIBRE

Tomo um smoothie feito em casa quase toda manhã, no café. Sempre que posso, uso frutas vermelhas frescas, como morango, framboesa e mirtilo, pois têm antioxidantes e são ótimas para a saúde. No entanto, frutas frescas podem ser bem caras fora da estação, por isso uso aquela que tiver — smoothies são uma excelente maneira de aproveitar as que já estão maduras, abandonadas na fruteira. Se tiver pêssego ou nectarina, não hesite em adicionar a este creme: elas combinam muito bem com morango e gengibre.

2 xícaras (500 ml) de leite
$\frac{1}{3}$ de xícara (95 g) de iogurte natural
3 bananas cortadas em pedaços grandes
1 punhado de morangos
1 pedaço de gengibre de 2 cm, descascado e ralado
1 colher (sopa) de mel
1 punhado de cubos de gelo e um pouco mais para servir (opcional)

Coloque todos os ingredientes no liquidificador e bata até obter uma mistura homogênea. Sirva em um copo com gelo, se desejar.

Rende 3 a 4 porções
(aproximadamente 1 litro)

Este feijão é superfácil de preparar, muito saboroso e uma excelente alternativa aos feijões em lata, repletos de sal e açúcar. Se quiser fazer um prato vegetariano, exclua a pancetta. Para o café da manhã, combine os feijões com ovos pochê cobertos com pimenta-do-reino, acompanhados por uma xícara grande de chá.

FEIJÃO com torradas

2 COLHERES (SOPA) DE AZEITE
1 CEBOLA CORTADA EM CUBINHOS
SAL MARINHO E PIMENTA-DO-REINO MOÍDA NA HORA
2 DENTES DE ALHO AMASSADOS
175 G DE PANCETTA, SEM A GORDURA, CORTADA EM CUBOS DE 1 CM
3 RAMOS DE TOMILHO, SOMENTE AS FOLHAS
2 LATAS (800 G) DE TOMATE ITALIANO PELADO, PICADO
1 PIMENTA DEDO-DE-MOÇA BEM PICADA
½ COLHER (SOPA) DE KETCHUP
1½ COLHER (SOPA) DE MOLHO INGLÊS
1 COLHER (CHÁ) DE MOSTARDA DE DIJON
1 COLHER (CHÁ) DE MOSTARDA APIMENTADA
2 LATAS (800 G) DE FEIJÃO-BRANCO COZIDO E ESCORRIDO
4 A 6 FATIAS GROSSAS DE PÃO TIPO ITALIANO
SALSINHA LISA, PICADA, PARA SERVIR

Aqueça 1 colher (sopa) de azeite numa panela grande de fundo espesso ou numa panela refratária. Adicione a cebola, tempere com uma pitada de sal e refogue em fogo médio por 5 minutos. Acrescente o alho e refogue por mais 5 minutos, mexendo às vezes.

Enquanto isso, aqueça o restante do azeite numa frigideira pequena em fogo médio, coloque a pancetta e frite até ficar dourada e crocante.

Junte a pancetta à mistura de cebola, assim como as folhas de tomilho, os tomates, a pimenta, os molhos e as mostardas. Cozinhe por 20 minutos, depois baixe o fogo e acrescente o feijão-branco (antes passe os grãos por água corrente, numa peneira). Cozinhe por mais 10 minutos, então tempere com sal e pimenta-do-reino e deixe no fogo por mais 10 minutos.

Faça as torradas com o pão, coloque uma fatia em cada prato, cubra com o feijão e polvilhe salsinha.

rende 4 a 6 porções

Adoro crepes. Quando criança, costumava preparar depois da escola, tentando em vão fazer com que pousassem perfeitamente quando tentava virá-los. Prefiro essas delicadas massas às panquecas americanas grossas que, frequentemente, são oferecidas em cardápios de café da manhã, pois são mais leves e menos indigestas. Se não for estação de laranja sanguínea e toranja rubi, use as frutas comuns.

CREPES com compota de frutas cítricas

Nº 23

1 XÍCARA (150 G) DE FARINHA DE TRIGO
1 XÍCARA (150 G) DE FARINHA DE TRIGO INTEGRAL
4 OVOS CAIPIRAS
3 XÍCARAS (750 ML) DE LEITE
1 XÍCARA (280 G) DE IOGURTE NATURAL
SAL MARINHO (OPCIONAL)
MANTEIGA OU SPRAY DE ÓLEO DE CANOLA
1 XÍCARA (360 G) DE MEL
2 RAMOS DE ALECRIM
CRÈME FRAÎCHE OU REQUEIJÃO PARA ACOMPANHAR

Compota de frutas cítricas
6 LARANJAS GRANDES
3 TORANJAS
2 COLHERES (SOPA) DE AÇÚCAR
1 PUNHADO PEQUENO DE FOLHAS DE HORTELÃ

Dicas:
ORIGINALMENTE, A RECEITA É FEITA COM LEITELHO. SE VOCÊ TIVER ACESSO, PODE SUBSTITUIR O LEITE E O IOGURTE POR UM POUCO MENOS DE LEITE E O LEITELHO. AS MEDIDAS FICAM ASSIM:

2½ XÍCARAS (625 ML) DE LEITE
1½ XÍCARA (375 ML) DE LEITELHO

AS LARANJAS USADAS PARA A FOTO SÃO DO TIPO SANGUÍNEAS E AS TORANJAS, RUBI. AS DUAS SÃO RARAS NO BRASIL. USE LARANJA-BAÍA E A TORANJA QUE VOCÊ ENCONTRAR.

Rende 4 a 6 porções

Para preparar a compota de frutas cítricas, corte a fruta em gomos. Retire as extremidades e coloque sobre uma tábua. Trabalhando de cima para baixo, use uma faca pequena e afiada para retirar a casca e a parte branca da fruta. Segurando-a sobre uma tigela para recolher o caldo, corte cuidadosamente cada segmento interno afastando a membrana, deixando que os pedaços caiam dentro da tigela — eles devem estar sem nenhuma semente ou parte branca. Repita com as demais laranjas e toranjas.

Aqueça uma frigideira grande em fogo médio. Coloque os gomos e o caldo das frutas e 1 colher (sopa) de açúcar e mexa.

Continua na próxima página...

CREPES com compota de frutas cítricas continuação...

Cozinhe por 3 a 4 minutos para amolecer, depois despeje o conteúdo da panela numa peneira colocada sobre uma tigela. Reserve as frutas e devolva os caldos à panela. Adicione o restante do açúcar e cozinhe em fogo brando por 12 a 15 minutos até reduzir em dois terços e virar uma calda. Despeje sobre os pedaços de frutas, acrescente as folhas de hortelã e reserve.

Preaqueça o forno na temperatura mais baixa.

Peneire a farinha de trigo numa tigela grande, depois adicione a farinha integral e faça um buraco no centro. Quebre os ovos ali. De acordo com a sua opção, misture o iogurte ou o leitelho com o leite numa jarra e bata com um garfo. Depois, usando um batedor de arame grande, comece a misturar a farinha e os ovos, adicionando o leite aos poucos. O ponto exato da massa é um creme de consistência fina e aguada. Depois disso, adicione uma pitada de sal, se desejar.

Aqueça uma frigideira pequena (a minha mede 18 cm) em fogo alto, acrescente um pedaço de manteiga e deixe derreter. Se preferir, pode untar a frigideira com o spray de óleo de canola e deixar aquecer. Coloque 1 concha pequena (cerca de ½ xícara) de massa, girando a frigideira para fazer um disco de massa fino e uniforme. Asse por cerca de 1 minuto e, usando uma espátula, vire o crepe e asse o outro lado por 1 minuto ou até ficar dourado e crocante nas bordas (o segundo lado leva um pouquinho mais de tempo para assar do que o primeiro). Vire sobre um prato e faça o mesmo com o restante da massa, mantendo os crepes prontos aquecidos dentro do forno — essa quantidade de massa deve ser suficiente para fazer 16 crepes.

Enquanto isso, coloque o mel e os ramos de alecrim numa panela pequena. Leve ao fogo até levantar fervura e cozinhe em fogo médio-baixo por 6 minutos para acentuar os sabores — tenha cuidado para não deixar o mel ferver, pois ele pode queimar e estragar rapidamente. Com cuidado, transfira para um pote.

Coloque um crepe quente em um prato, adicione 1 colher (sopa) de compota de frutas cítricas em uma metade e cubra com 1 colher (chá) generosa de *crème fraîche* ou de requeijão. Dobre o crepe ao meio sobre o recheio e depois dobre novamente. Repita com mais dois crepes (três por porção é o ideal), e finalize regando com uma quantidade generosa de mel de alecrim.

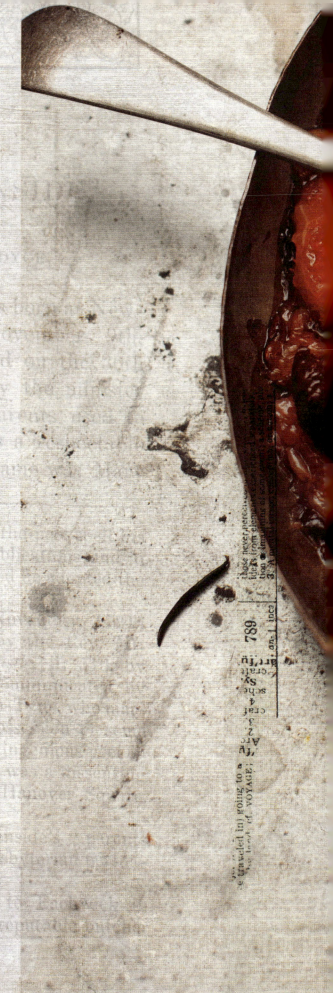

Muitas vezes, fazer uma sessão fotográfica significa ter que começar cedo, por isso acabo tomando meu café da manhã já a caminho — e geralmente compro algo para comer na cafeteria. Estes muffins caseiros são uma ótima alternativa "quase saudável", e o melhor é que você pode fazer uma grande fornada e armazenar em um recipiente com fecho hermético que eles duram a semana toda. Ou pode levar todos para o trabalho e concorrer a funcionário do ano! Adoro essa combinação de maçã e morango, e a amêndoa fornece um adorável contraste crocante à maciez das frutas. Mirtilo ou amora também funcionam bem aqui; por isso, se estiver na estação, acrescente um punhado.

Muffins de MORANGOS, maçã e amêndoas

$1\frac{1}{4}$ DE XÍCARA (185 G) DE FARINHA DE TRIGO COM FERMENTO
$\frac{1}{2}$ XÍCARA (65 G) DE FARINHA DE AMÊNDOA
$1\frac{1}{4}$ DE XÍCARA (130 G) DE AÇÚCAR
2 COLHERES (CHÁ) DE FERMENTO EM PÓ
$1\frac{1}{2}$ COLHER (CHÁ) DE CANELA EM PÓ
RASPAS DE $\frac{1}{2}$ LIMÃO SICILIANO
1 PITADA GRANDE DE SAL
2 COLHERES (CHÁ) DE EXTRATO DE BAUNILHA
120 G DE MANTEIGA SEM SAL, DERRETIDA E FRIA
2 OVOS CAIPIRAS LEVEMENTE BATIDOS
1 MAÇÃ SEM CASCA, SEM MIOLO E CORTADA EM CUBINHOS
6 MORANGOS GRANDES CORTADOS EM QUATRO
$\frac{1}{2}$ XÍCARA (50 G) DE AMÊNDOAS LAMINADAS
1 A 2 COLHERES (SOPA) DE AÇÚCAR MASCAVO

Preaqueça o forno a 180 °C.

Forre uma fôrma para muffins com doze orifícios de tamanho padrão ($\frac{1}{2}$ xícara) com forminhas de papel ou pequenos círculos de papel-manteiga.

Coloque a farinha de trigo, a farinha de amêndoa, o açúcar, o fermento, a canela, as raspas de limão e o sal numa tigela e misture bem. Em outra, misture o extrato de baunilha, a manteiga derretida, os ovos batidos e ¾ de xícara (180 ml) de água morna. Junte os ingredientes úmidos e os secos, mexa com uma colher de pau e depois acrescente a maçã e misture delicadamente. Coloque a massa na fôrma, enchendo cada orifício com até ¾ de sua capacidade.

Coloque dois pedaços de morango sobre cada muffin, depois polvilhe com as amêndoas laminadas e o açúcar mascavo. Leve para assar por 25 a 30 minutos ou até que um palito inserido no centro de um muffin saia limpo.

Rende 12 porções

Ovos assados com BATATA, presunto cru e pimenta fresca

Ao longo dos anos, postei várias receitas de ovos no meu blog, e elas sempre foram muito populares (este prato é particularmente amado em casa — meu marido Mick adora comer esses ovos no brunch de domingo). Inventei esta receita durante uma viagem aos Estados Unidos em 2011, inspirada pelas incríveis batatas multicoloridas que encontrei numa mercearia em Venice Beach. Se não for possível encontrar *jalapeños* frescos, você pode adquiri-los em conserva em lojas especializadas ou substituir por uma pimenta dedo-de-moça fresca.

Rende 4 porções

6 BATATAS ASTERIX, COM CASCA E LAVADAS
1 COLHER (CHÁ) DE SAL
1 COLHER (SOPA) DE AZEITE
12 FATIAS DE PRESUNTO CRU
2 XÍCARAS (500 ML) DE CREME DE LEITE FRESCO
1 XÍCARA (120 G) DE CHEDDAR RALADO E UM POUCO PARA RALAR
SAL MARINHO E PIMENTA-DO-REINO MOÍDA NA HORA
1 PIMENTA *JALAPEÑO* OU DEDO-DE-MOÇA, SEM SEMENTES, EM FATIAS FINAS
4 OVOS CAIPIRAS GRANDES
1 MAÇO DE CEBOLINHA FRANCESA PICADA

Preaqueça o forno a 180 °C.

Encha uma panela grande até a metade com água e coloque as batatas e o sal. Leve ao fogo alto até ferver, então baixe a temperatura e deixe em fogo brando por 20 minutos ou até que as batatas estejam completamente cozidas. Escorra e deixe as batatas esfriarem um pouco, então fatie fino.

Aqueça o azeite numa frigideira em fogo médio e frite as batatas fatiadas, em porções, até ficarem levemente douradas e crocantes por fora, adicionando mais azeite à panela entre cada porção, se necessário. Coloque sobre papel-toalha e seque o excesso de óleo.

Unte generosamente quatro refratários rasos, cada um com cerca de 12 cm de diâmetro. Forre com duas camadas de batatas fritas, coloque três fatias de presunto cru em torno das beiradas para formar uma borda (isso ajuda a segurar os ingredientes líquidos).

Coloque o creme de leite, o cheddar ralado e uma pitada de sal e pimenta-do--reino numa jarra, e mexa. Despeje a mistura uniformemente nas travessas (talvez seja necessária uma colher para retirar o queijo, se endurecer no fundo da jarra), e então coloque a pimenta por cima. Rale um pouco mais de queijo sobre a superfície e depois, cuidadosamente, quebre um ovo em cada travessa.

Escolha uma assadeira grande o bastante para os quatro refratários e coloque--os dentro dela. Despeje água suficiente na assadeira para chegar à metade da altura dos refratários, depois leve para assar nesse banho-maria por 15 a 20 minutos ou até que as claras endureçam.

Sirva imediatamente, decorado com cebolinha e um toque de pimenta-do-reino moída na hora.

Ovos mexidos extracremosos da Katie com salmão defumado e ESPINAFRE

Meu café da manhã nos dias de semana é uma torrada com Vegemite (depois da primeira vez que experimentei esse ícone da alimentação australiana — e não gostei mesmo —, levei apenas, ah, dez anos para adorá-lo). Nos fins de semana, quando tenho um pouco mais de tempo, adoro preparar ovos, em especial mexidos. São particularmente nutritivos e deliciosos, além de combinarem muito bem com salmão e espinafre.

400 G DE FOLHAS DE ESPINAFRE BABY
6 OVOS CAIPIRAS
SAL MARINHO E PIMENTA-DO-REINO MOÍDA NA HORA
2 CEBOLAS, EM FATIAS FINAS
3 COLHERES (SOPA) DE CREME DE LEITE FRESCO
2 COLHERES (SOPA) DE *SOUR CREAM*
UM PEDAÇO DE MANTEIGA
1 COLHER (CHÁ) DE ENDRO PICADO FINO E UMA PEQUENA QUANTIDADE EXTRA
2 FATIAS GROSSAS DE PÃO TIPO ITALIANO
RASPAS DE ½ LIMÃO SICILIANO
100 G DE SALMÃO DEFUMADO, CORTADO EM TIRAS FINAS
LIMÃO SICILIANO PARA ACOMPANHAR

Dica:
SE PREFERIR, EM VEZ DE *SOUR CREAM*, USE 5 COLHERES (SOPA) DE CREME DE LEITE FRESCO E 1 COLHER (CHÁ) DE CALDO DE LIMÃO.

Coloque o espinafre numa panela grande com 3 colheres (sopa) de água. Tampe e cozinhe em fogo médio por 1 a 2 minutos, até murchar. Escorra rapidamente, leve de volta à panela e mantenha aquecido.

Enquanto isso, bata os ovos numa tigela e tempere com sal e pimenta-do-reino. Adicione a cebolinha, o creme de leite, o *sour cream* (ou o caldo de limão), a manteiga e o endro, e bata delicadamente.

Aqueça uma frigideira antiaderente grande em fogo médio--baixo. Coloque a mistura de ovo e deixe firmar um pouco; então, usando uma espátula, raspe delicadamente o fundo da panela enquanto frita. Ele deve cozinhar por completo, mas permanecer macio e aerado.

Aqueça o pão no forno, coloque uma fatia em cada prato e sobre elas o espinafre. Polvilhe as raspas de limão e cubra com os ovos mexidos e as tiras de salmão defumado. Salpique um pouco mais de endro, uma boa quantidade de pimenta-do-reino moída na hora e sirva com limão.

Rende 2 porções

Vou ser completamente honesta aqui e confessar que, quando se trata de cogumelos, realmente não sou fã número um. Gosto de um pouquinho na pizza ou num molho de macarrão, mas qualquer quantidade maior me deixa com um pé atrás. Acho que é mesmo caso de amor ou ódio.

Meu marido adora, come como se não houvesse amanhã. Depois de uma visita ao mercado dos produtores locais, onde me deparei com uma variedade incrível de cogumelos, incluindo portobello, paris, shiitake e shimeji, tive a ideia de preparar alguns e colocar sobre uma torrada, para o deleite dele. Cozidos simplesmente com manteiga e salsinha, e servidos sobre uma torrada grande, vão aquecer o coração de qualquer fanático por cogumelos logo no café da manhã.

Cogumelos NA TORRADA com *Nozes* e Queijo de Cabra

1 COLHER (SOPA) DE AZEITE
2 PORÇÕES GRANDES DE COGUMELOS LIMPOS E FATIADOS
SAL MARINHO E PIMENTA-DO-REINO MOÍDA NA HORA
1 COLHER (SOPA) DE MANTEIGA
1 PORÇÃO PEQUENA DE NOZES PICADAS GROSSO
3 RAMOS DE TOMILHO, SOMENTE AS FOLHAS
2 FATIAS GROSSAS DE PÃO TIPO ITALIANO
1 DENTE DE ALHO GRANDE, DESCASCADO
  E CORTADO AO MEIO NO SENTIDO DO COMPRIMENTO
75 G DE QUEIJO DE CABRA MACIO
AZEITE EXTRAVIRGEM PARA REGAR
1 PUNHADO PEQUENO DE FOLHAS DE SALSINHA LISA
LASCAS DE PARMESÃO PARA DECORAR

Despeje o azeite numa frigideira de fundo reforçado e aqueça em fogo médio por 30 segundos. Coloque os cogumelos, tempere levemente com sal e frite por 5 minutos, mexendo de vez em quando. Acrescente a manteiga, as nozes e o tomilho, e mexa; então frite por mais 5 minutos até que os cogumelos estejam cozidos e dourados.

Torre o pão e esfregue metade do dente de alho em um dos lados. Cubra com uma camada grossa de queijo de cabra.

Empilhe os cogumelos no pão, regue com mais azeite e tempere com um pouco mais de sal e bastante pimenta-do-reino. Finalize salpicando salsinha e lascas de parmesão.

Rende 2 porções

Bob Davies, meu sogro, é um cozinheiro fantástico e muito entusiasmado e, assim como seu filho, é demais! Bob prepara este muesli a cada duas semanas e armazena num pote grande com fecho hermético. É muito saboroso, repleto de frutos secos e sementes saudáveis, e possui consistência e sabor incríveis. Para preparar uma versão ainda mais irresistível, adicione 2 colheres (sopa) de cacau em pó aos ingredientes secos um pouco antes de dividi-los.

MUESLI tostado do Bob

5 1/2 XÍCARAS (495 G) DE AVEIA EM FLOCOS
3/4 DE XÍCARA (75 G) DE GÉRMEN DE TRIGO
3/4 DE XÍCARA (60 G) DE COCO RALADO
3/4 DE XÍCARA (105 G) DE SEMENTES DE GIRASSOL
1 XÍCARA (200 G) DE SEMENTES DE ABÓBORA
1 XÍCARA (160 G) DE AMÊNDOAS
1 XÍCARA (140 G) DE AVELÃS SEM CASCA
3 COLHERES (SOPA) DE ÓLEO DE CANOLA, AMENDOIM OU GIRASSOL
3 COLHERES (SOPA) DE MEL E UM POUCO MAIS PARA SERVIR (OPCIONAL)
4 COLHERES (SOPA) DE XAROPE DE BORDO
1 3/4 DE XÍCARA (280 G) DE UVAS-PASSAS, BRANCAS OU PRETAS (OU MISTURADAS)
1/2 XÍCARA (70 G) DE TÂMARAS OU FIGOS SECOS PICADOS

Rende 1,5 kg

Preaqueça o forno a 130 °C e forre duas assadeiras com papel-manteiga.

Junte a aveia, o gérmen de trigo, o coco, as sementes e os frutos secos numa tigela grande, depois divida essa mistura em duas partes, deixando metade na tigela e reservando a outra, coberta, numa tigela menor.

Aqueça o óleo, o mel e o xarope de bordo numa panela em fogo médio-baixo por 5 a 6 minutos até formar um líquido fino, então despeje sobre a mistura de aveia na tigela grande. Misture bem com uma colher até cobrir completamente, mas sem deixar que se formem torrões; se estiver úmido, acrescente um pouco da mistura reservada.

Divida entre as assadeiras preparadas e leve para assar por cerca de 1 hora, sacudindo as fôrmas ocasionalmente para que a mistura asse por igual. Depois de pronto, o mix deve ter uma linda coloração dourada — não deixe que escureça muito.

Retire do forno e deixe esfriar por completo; então despeje na tigela grande e acrescente a mistura reservada de aveia e frutos secos.

Sirva em tigelas individuais cobertas com leite frio e mel, se quiser. Armazene o restante num pote com fecho hermético por até duas semanas.

Utz® Potato Chips

NO PRESERVATIVES

NET WT 1OZ (28.3g)

1C JUL 09/11

Ⓤ

Utz® Potato Chips

CAPÍTULO Nº 2

Almoço

Estes camarões, fritos em fogo alto numa panela de ferro, são muito saborosos e fáceis de preparar. Gosto de servi-los bem quentes, mas também ficam gostosos frios ou mornos.

Camarões
refogados

500 G DE CAMARÕES DESCASCADOS E LIMPOS (RESERVE A CABEÇA E A CASCA), COM CAUDA
2 XÍCARAS (500 ML) DE CALDO DE GALINHA OU PEIXE
PIMENTA-DO-REINO MOÍDA NA HORA
6 DENTES DE ALHO AMASSADOS
RASPAS E CALDO DE 1 LIMÃO
½ COLHER (CHÁ) DE PÁPRICA
½ COLHER (CHÁ) DE PIMENTA CALABRESA
⅓ DE XÍCARA (80 ML) DE AZEITE EXTRAVIRGEM
SAL MARINHO
1 PUNHADO DE FOLHAS DE SALSINHA LISA BEM PICADAS
LIMÃO E PÃO TIPO ITALIANO PARA ACOMPANHAR

Rende 2 a 4 porções

Coloque a cabeça e a casca dos camarões numa panela média. Acrescente o caldo e tempere com pimenta-do-reino. Leve ao fogo até ferver, então baixe a temperatura e deixe cozinhar em fogo brando por 15 a 20 minutos. Coe o caldo, descartando as cabeças e as cascas, cubra e reserve.

Enquanto isso, coloque o alho, as raspas e o caldo de limão, a páprica, a pimenta calabresa e o azeite numa tigela e mexa. Acrescente os camarões, cobrindo completamente com a marinada. Tempere bem com sal e pimenta-do-reino, então cubra e leve à geladeira por 15 a 30 minutos.

Escorra os camarões, reservando a marinada. Em uma panela de ferro rasa e reforçada adicione a marinada e leve ao fogo até ferver. Acrescente ½ xícara (125 ml) de caldo e mexa, coloque os camarões e cozinhe em fogo alto por 5 a 10 minutos ou até que estejam completamente cozidos.

Pouco antes de servir, adicione 1 colher (sopa) do caldo e polvilhe salsinha. Sirva quente com limão e pão.

Sopa
do Colm

rende 6 porções

Colm é um amigo irlandês muito querido. Ele é um cara maravilhoso que, como eu, adora fazer jantares animados. Passei noites incríveis em sua casa em Dublin, ficando acordada até altas horas, com todos os convidados bastante satisfeitos após refeições magníficas e agradáveis e excelentes vinhos tintos franceses. Durante anos, eu o aconselhei a vender sua incrível sopa de tomate e, quando estava reunindo as receitas para meu livro, sabia que tinha que incluí-la. Uma dica útil: use luvas de borracha finas para descascar os pimentões tostados, ou deixarão manchas escuras horríveis em suas unhas!

14 TOMATES GRANDES CORTADOS AO MEIO NO SENTIDO DO COMPRIMENTO
2 DENTES DE ALHO GRANDES EM FATIAS BEM FINAS
AZEITE PARA REGAR
SAL MARINHO E PIMENTA-DO-REINO MOÍDA NA HORA
1 PUNHADO GRANDE DE MANJERICÃO, PICADO GROSSO, E UM POUCO MAIS PARA DECORAR
4 PIMENTÕES VERMELHOS
1 LATA (400 G) DE TOMATES ITALIANOS PELADOS, PICADOS
1 PIMENTA DEDO-DE-MOÇA, PICADA FINO
½ COLHER (CHÁ) DE PÁPRICA
FOLHAS DE TOMILHO PARA DECORAR

Croutons de queijo de cabra
1 BAGUETE EM FATIAS GROSSAS
450 G DE QUEIJO DE CABRA MACIO

Preaqueça o forno a 120 °C.

Coloque o tomate, com a parte cortada para cima, numa assadeira. Regue cada uma com um pouco de azeite, cubra com uma fatia de alho e tempere com sal e pimenta-do-reino. Leve para assar por 2 horas ou até que os tomates fiquem moles e caramelizados.

Enquanto isso, usando uma pinça, segure um pimentão sobre a chama de uma boca do fogão, girando de vez em quando, até que a casca esteja tostada (se seu fogão não for a gás, você pode usar a churrasqueira ou o forno preaquecido a 200 °C). Coloque os pimentões numa tigela grande, cubra com filme e reserve até ficarem frios o bastante para ser manuseados; então remova as peles. Retire o miolo e a membrana interna e descarte com as sementes; corte a polpa em pedaços grandes e coloque numa panela de fundo reforçado, com os tomates assados.

Acrescente os tomates em lata, a pimenta, a páprica e o manjericão picado à panela, e tempere com sal e pimenta-do-reino. Usando a lata como medida, adicione 2 latas de água fria. Misture bem e então deixe cozinhar em fogo médio-baixo por cerca de 1 hora ou até que a sopa tenha engrossado.

Retire a panela do fogo, deixe a sopa esfriar por alguns minutos e então transfira para um liquidificador e bata até ficar homogênea (ou bata na panela usando um mixer). Leve-a de volta à panela e aqueça. Prove e tempere de novo, se necessário.

Para fazer os croutons, torre as fatias de pão no forno, em temperatura alta. Espalhe uma camada grossa de queijo de cabra e coloque no forno até aquecer e amolecer levemente.

Com uma concha, coloque a sopa em tigelas e adicione croutons de queijo de cabra. Polvilhe folhas de tomilho, então adicione um pouco de pimenta-do-reino moída na hora e sirva bem quente.

Rosbife em crosta apimentada
com gremolata DE ervas e pimenta

Preparamos este prato em nossa casa há anos. É realmente algo fácil e rápido para um churrasco. Para incrementar a receita, decidi adicionar uma gremolata, preparada com alguns dos sabores que tive a oportunidade de apreciar em minha recente viagem ao longo da histórica Rota 66, nos Estados Unidos.

A pimenta habanero dá um toque extra e combina perfeitamente com o limão. Se não conseguir encontrá-la, substitua por duas pimentas dedo-de-moça. Este prato cai particularmente bem com uma cerveja bastante gelada.

2 COLHERES (SOPA) DE PIMENTA-ROSA EM GRÃOS
2 COLHERES (SOPA) DE PIMENTA-DO-REINO EM GRÃOS
2 COLHERES (SOPA) DE SAL MARINHO
AZEITE PARA REGAR
1 PEDAÇO DE CARNE BOVINA (1,5 KG)
2 A 3 LIMÕES CORTADOS EM QUATRO
PÃO TIPO ITALIANO, PARA ACOMPANHAR

gremolata de ervas e pimenta
1 PUNHADO GRANDE DE FOLHAS DE HORTELÃ BEM PICADAS
1 PUNHADO GRANDE DE FOLHAS DE SALSINHA LISA BEM PICADAS
1 A 2 (OU A GOSTO) PIMENTAS DEDO-DE-MOÇA VERDES BEM PICADAS
1/4 DE PIMENTA HABANERO BEM PICADA
RASPAS DE 1 LIMÃO SICILIANO

Quebre grosso os grãos das pimentas (rosa e do reino), usando um pilão. Adicione o sal e esmague levemente; depois coloque sobre um prato e agite para espalhar por igual. Despeje 1 colher (chá) de azeite na palma de sua mão e passe na carne. Role a carne na mistura de pimenta até cobrir por igual.

Preaqueça uma churrasqueira ou grelha e asse a carne (deve levar de 40 a 45 minutos numa grelha com a temperatura em cerca de 200 °C); você também pode selar a carne numa frigideira, depois levar ao forno preaquecido a 180 °C, por 40 a 45 minutos. Deixe descansar por 5 a 10 minutos antes de cortar fatias superfinas usando uma faca bem afiada.

Para fazer a gremolata, junte todos os ingredientes numa tigela.

Para servir, coloque a gremolata numa travessa grande ou numa tábua de madeira, acrescente as fatias de carne e misture. Sirva com limão e pão.

Rende 4 a 6 porções

Este pão de soda é um clássico irlandês, e muitas famílias têm sua própria versão dele. Não leva fermento e, portanto, não precisa de tempo para crescer, razão pela qual são necessários literalmente 5 minutos para prepará-lo. Desde que moro na Austrália, já fiz este pão diversas vezes, e sempre me pedem a receita. Para transformar as fatias finas em lindos canapés, basta colocar salmão sobre o pão, depois fazer pequenos círculos usando um cortador de biscoitos de 4 cm. Espalhe 1 colher (chá) do creme de wasabi sobre cada pedaço, a seguir polvilhe ramos de endro, um pouco de pimenta-do-reino e pingue umas gotas de caldo de limão antes de servir.

Pão IRLANDÊS com salmão defumado e creme de wasabi

1 XÍCARA (240 G) DE CRÈME FRAÎCHE OU REQUEIJÃO
1½ COLHER (CHÁ) DE WASABI EM PASTA
MANTEIGA SEM SAL
12 FATIAS DE SALMÃO DEFUMADO
PIMENTA-DO-REINO MOÍDA NA HORA
RAMOS DE ENDRO E LIMÃO SICILIANO PARA ACOMPANHAR

Pão de soda
¾ DE XÍCARA (125 G) DE FARINHA DE TRIGO
1 COLHER (CHÁ) DE SAL
1 COLHER (CHÁ) DE BICARBONATO DE SÓDIO
2 XÍCARAS (350 G) DE FARINHA DE TRIGO INTEGRAL
3 COLHERES (CHÁ) DE GÉRMEN DE TRIGO
1¾ DE XÍCARA (400 ML) DE LEITE DESNATADO

Rende 6 porções

Preaqueça o forno a 200 °C.

Para preparar o pão, peneire a farinha, o sal e o bicarbonato, adicione a farinha integral e o gérmen de trigo e misture bem. Faça um buraco no centro e despeje o leite, mexendo até formar uma massa de consistência mole e pegajosa.

Coloque a massa em uma superfície de trabalho bem enfarinhada. Sove um pouco na farinha para compensar a viscosidade. Molde formando um círculo achatado (de 15 a 18 cm de diâmetro) e transfira para uma assadeira enfarinhada. Com uma faca afiada, faça uma cruz de cerca de 1 cm de profundidade na parte superior do pão.

Leve para assar por 40 minutos ou até que a crosta esteja dourada e a base faça um som oco com uma batida em seu centro. Retire e deixe esfriar.

Coloque o *crème fraîche* e o wasabi numa tigela pequena e misture bem.

Corte fatias grossas do pão e cubra levemente com manteiga, depois adicione uma camada grossa do creme de wasabi. Complete com o salmão e tempere com pimenta-do-reino. Corte as fatias ao meio e sirva com alguns ramos de endro, limão e o restante do creme de wasabi.

Este é um prato simples, repleto de sabores do verão muito fáceis de combinar. O molho é minha versão pessoal do clássico molho tailandês, *nam jim*. Para que este prato seja o principal, você pode colocar cubos de peixe branco no espeto e grelhá-los na churrasqueira, depois servir com os camarões, salada e pão.

Camarões NA BRASA com *molho tailandês*

1 KG DE CAMARÕES DESCASCADOS E LIMPOS, COM CAUDA
CALDO DE 2 LIMÕES
SAL MARINHO E PIMENTA-DO-REINO MOÍDA NA HORA
2 LIMÕES, CORTADOS AO MEIO
LIMÃO E PÃO TIPO ITALIANO PARA ACOMPANHAR

molho tailandês
2 DENTES DE ALHO AMASSADOS
2 COLHERES (SOPA) DE MOLHO DE PEIXE
3 COLHERES (SOPA) DE CALDO DE LIMÃO
2 COLHERES (SOPA) DE AÇÚCAR MASCAVO
½ CEBOLA ROXA PEQUENA, PICADA FINO
1 PIMENTA DEDO-DE-MOÇA VERMELHA PICADA
1 PIMENTA DEDO-DE-MOÇA VERDE BEM PICADA
1 COLHER (SOPA) DE COENTRO PICADO
1 COLHER (SOPA) DE HORTELÃ PICADA
1 PEDAÇO DE GENGIBRE DE 1 CM, RALADO
1 PITADA DE SAL MARINHO E PIMENTA-DO-REINO MOÍDA NA HORA

rende 4 porções

Coloque os camarões numa tigela grande, acrescente o caldo de limão, o sal e a pimenta-do-reino. Misture para temperá-los por igual. Cubra a tigela com filme e leve à geladeira por 15 a 30 minutos.

Para fazer o molho, junte todos os ingredientes numa tigela pequena.

Preaqueça uma churrasqueira ou grelha até atingir a temperatura média-quente. Adicione o limão, com a parte cortada para baixo, e grelhe por 2 minutos até caramelizar, depois retire e reserve. Acrescente os camarões e grelhe por 3 minutos, depois vire e grelhe por mais 1 a 2 minutos ou até ficarem rosados e cozidos. Esprema os limões caramelizados sobre os camarões enquanto grelham.

Sirva os camarões mornos com o molho. Esprema um pouco mais de limão por cima e acompanhe com o pão.

Massa é um dos meus pratos favoritos — adoro tanto as frescas quanto as secas — e é um item básico em casa. Este prato pode ser servido no almoço ou no jantar, e acredito que no verão seja uma grande pedida para o almoço de um domingo preguiçoso com os amigos. Os tomates são tostados por apenas 15 minutos, por isso você não vai precisar ficar com o forno ligado por horas, e sua leve doçura contrasta muito bem com o sabor salgado da pancetta. Gosto de utilizar um pedaço com apenas uma camada fina de gordura (ou retiro o excesso antes de usar). Se não for possível encontrar pancetta, substitua por bacon.

ORECCHIETTE com tomates assados e molho cremoso de pecorino

250 G DE TOMATES-CEREJA
AZEITE PARA COZINHAR
SAL MARINHO E PIMENTA-DO-REINO MOÍDA NA HORA
1 PUNHADO DE FOLHAS DE MANJERICÃO, RASGADAS AO MEIO
1 PUNHADO DE FOLHAS DE ORÉGANO, PICADAS GROSSO
2 XÍCARAS (240 G) DE ERVILHAS FRESCAS (CONGELADAS)
500 G DE MASSA DO TIPO ORECCHIETTE
350 G DE PANCETTA, CORTADA EM CUBOS
3 XÍCARAS (750 ML) DE CREME DE LEITE FRESCO
200 G DE PECORINO RALADO
100 G DE PINOLI TOSTADOS (OPCIONAL)
AZEITE EXTRAVIRGEM PARA REGAR
PÃO TIPO ITALIANO PARA ACOMPANHAR

Rende 4 porções

Preaqueça o forno a 180 °C.

Coloque os tomates numa assadeira, regue com azeite, tempere com sal e pimenta-do-reino, polvilhe metade do manjericão e do orégano. Leve ao forno para assar por 15 minutos ou até os tomates amolecerem.

Deixe as ervilhas numa panela de água fervente por 4 a 5 minutos ou até que estejam quase cozidas. Escorra.

Cozinhe o orecchiette numa panela grande de água fervente com sal por 10 a 12 minutos ou até ficar al dente. Escorra, leve de volta à panela e regue com um pouco de azeite. Tampe e mantenha aquecido.

Enquanto isso, aqueça 1 colher (sopa) de azeite numa frigideira grande em fogo médio-alto. Acrescente a pancetta e frite até ficar dourada e crocante. Despeje o creme de leite e mexa, depois adicione o pecorino e tempere com um pouco de sal e uma boa quantidade de pimenta-do-reino. Cozinhe por 10 minutos em fogo baixo para permitir que os sabores se intensifiquem e até que o líquido reduza em um terço; a seguir, adicione as ervilhas e o macarrão e misture.

Transfira para uma travessa grande e polvilhe os tomates assados e os pinoli, se estiver usando. Decore com o restante do manjericão e do orégano, regue com azeite extravirgem e sirva imediatamente com pão tipo italiano.

Sanduíche de PALETA DESFIADA com salada de repolho e vinagre de maçã

Sendo uma superfã de carne de porco (tudo fica mais saboroso com bacon, não acha?), já provei muitos sanduíches de porco desfiado em minha vida. Em 2011, experimentei o mais inesquecível, apetitoso e delicioso desses sanduíches, em um bar na Commercial Street em Provincetown, Massachusetts. Aparentemente, o segredo estava no molho. Por isso, quando voltei para casa, me lancei o desafio de criar minha própria versão dele. Estudei e testei outros molhos que encontrei no mercado antes de inventar, ao melhor estilo Willy Wonka, o "Molho de Katie para sanduíche de porco desfiado de lamber os dedos" — e, se algum dia eu abrir uma fábrica de molhos, é esse nome que vai aparecer no rótulo. E vocês souberam em primeira mão...

2 KG DE PALETA SUÍNA, COM OSSO
SAL MARINHO E PIMENTA-DO-REINO MOÍDA NA HORA
MINIBRIOCHE (VER P. 108) PARA ACOMPANHAR

Molho para a paleta desfiada
2 COLHERES (SOPA) DE AZEITE
1 CEBOLA PICADINHA
SAL MARINHO E PIMENTA-DO-REINO MOÍDA NA HORA
2 DENTES DE ALHO AMASSADOS
1 CENOURA EM CUBINHOS
2 TALOS DE SALSÃO EM CUBINHOS
1 PIMENTA DEDO-DE-MOÇA EM CUBINHOS
1 XÍCARA (250 ML) DE VINAGRE DE MAÇÃ
2 COLHERES (SOPA) DE AÇÚCAR MASCAVO
1 COLHER (SOPA) DE EXTRATO DE TOMATE
4 COLHERES (SOPA) DE MELAÇO
2 COLHERES (SOPA) DE MOSTARDA EM PÓ
$1/4$ DE COLHER (CHÁ) DE CÚRCUMA EM PÓ
$1/2$ XÍCARA (125 ML) DE VINAGRE BRANCO
1 LITRO DE CALDO DE GALINHA
$1/2$ COLHER (CHÁ) DE PIMENTA CALABRESA
1 COLHER (SOPA) DE MOLHO CHIPOTLE OU OUTRO MOLHO DE PIMENTA
$1\;1/2$ COLHER (CHÁ) DE AMIDO DE MILHO EM 2 COLHERES (SOPA) DE ÁGUA FRIA

Salada de repolho
$1/4$ DE UM REPOLHO BRANCO, SEM O MIOLO, FATIADO FININHO
$1/4$ DE UM REPOLHO ROXO, SEM O MIOLO, FATIADO FININHO
1 CENOURA DESCASCADA E CORTADA EM FITAS COM O DESCASCADOR DE LEGUMES NO SENTIDO DO COMPRIMENTO
6 A 8 RABANETES CORTADOS EM RODELAS BEM FINAS
3 CEBOLINHAS EM FATIAS FINAS

Molho de vinagre de maçã
3 COLHERES (SOPA) DE VINAGRE DE MAÇÃ
$1/3$ DE XÍCARA (80 ML) DE VINAGRE DE VINHO TINTO
3 COLHERES (SOPA) DE AZEITE EXTRAVIRGEM
CALDO DE 1 LIMÃO SICILIANO
SAL MARINHO E PIMENTA-DO-REINO MOÍDA NA HORA

Rende 6 porções

Método de preparo na próxima página...

Sanduíche de PALETA DESFIADA com salada de repolho e vinagre de maçã
continuação...

Preaqueça o forno a 160 °C.

Coloque a paleta suína numa assadeira, com a pele para baixo, e tempere com sal e pimenta-do-reino. Vire, cubra com papel-alumínio e leve para assar por 5 a 6 horas. Cheque após 3 horas — se a carne estiver começando a secar, regue a assadeira com uma boa quantidade de água e leve de volta ao forno. Transfira o porco cozido para um prato até esfriar, depois vire e desfie usando um garfo (a carne deve desfiar e estar realmente macia e suculenta).

Enquanto isso, para o molho, aqueça o azeite numa panela grande em fogo médio. Coloque a cebola e uma pitada de sal e refogue, mexendo, por 5 minutos. Adicione o alho e refogue por mais 2 a 3 minutos, depois acrescente a cenoura, o salsão e a pimenta e deixe cozinhar por 10 minutos ou até que os legumes comecem a amolecer. Junte os demais ingredientes, exceto o amido de milho e cozinhe em fogo brando, sem tampar, por 1 a 2 horas ou até reduzir e engrossar. Retire a panela do fogo e passe o molho por uma peneira, pressionando os ingredientes sólidos para obter o máximo de líquido possível. Volte o molho à panela, misture o amido de milho e aqueça.

Adicione a paleta desfiada ao molho e misture.

Para a salada de repolho, coloque todos os legumes numa tigela grande e misture bem. Em outra tigela, junte os ingredientes para o molho, despeje sobre os legumes e misture delicadamente.

Sirva a paleta desfiada e a salada de repolho em minibrioches.

Tortinhas de queijo de cabra e cebola caramelizada com CALDA DE BALSÂMICO

Este prato pode ser um almoço magnífico ou uma entrada perfeita para um jantar especial. Você pode preparar as cebolas caramelizadas pela manhã, ou até mesmo na noite anterior, e mantê-las cobertas até usar. Bastante atenção ao preparar as tortinhas — já cometi o erro, muitas vezes, de servir uma linda torta que cresceu bem e depois, ao comer, acabei descobrindo que a base não estava devidamente assada! Usando uma espátula, levante delicadamente as tortinhas e observe se a base não está mole. Se estiver, baixe a temperatura do forno para 160 °C e deixe assar por mais tempo.

1 FOLHA GRANDE DE MASSA FOLHADA
1 GEMA DE OVO CAIPIRA, MISTURADA COM UM POUCO DE LEITE
4 COLHERES (SOPA) CHEIAS DE GELEIA DE CEBOLA CARAMELIZADA (VER P. 223)
175 G DE QUEIJO DE CABRA DO TIPO BUCHETTE CORTADO
   EM FATIAS DE 1,5 CM DE ESPESSURA
3 A 4 RAMOS DE TOMILHO, SOMENTE AS FOLHAS,
   E MAIS ALGUNS RAMOS PARA DECORAR
SAL MARINHO E PIMENTA-DO-REINO MOÍDA NA HORA
1 XÍCARA (250 ML) DE VINAGRE BALSÂMICO
3 COLHERES (SOPA) DE AÇÚCAR MASCAVO

Rende 4 porções

Preaqueça o forno a 200 °C.

Usando um cortador de biscoitos redondo de 12 cm ou uma tigela pequena como molde, corte quatro círculos de massa e coloque numa assadeira grande antiaderente ou forrada. Em cada uma, faça uma marca a 2 cm das bordas, com cuidado para não cortar a massa. Faça furinhos no fundo, usando um garfo, exceto nas bordas. Pincele as beiradas com a mistura de gema cuidadosamente para não deixar escorrer nas laterais, ou a massa crescerá de forma irregular.

Novamente, evitando as bordas, divida a geleia de cebola entre as bases, espalhando por igual. Coloque um círculo de queijo de cabra por cima, polvilhe folhas de tomilho e tempere com pimenta-do-reino.

Leve para assar por 20 minutos ou até que as beiradas da massa cresçam e dourem e a base das tortinhas esteja assada.

Enquanto isso, coloque o vinagre balsâmico numa panela pequena e leve ao fogo para ferver, depois baixe a temperatura e cozinhe em fogo médio até reduzir pela metade. Acrescente o açúcar mascavo e cozinhe em fogo brando até que a mistura se torne uma calda — ela deve cobrir as costas de uma colher quando estiver no ponto. Reserve para esfriar e engrossar.

Sirva as tortinhas com a calda de balsâmico, polvilhadas com os ramos de tomilho.

GALETO com tempero picante e limão grelhado

Este tempero picante, usado na carne branca, dá a ela um sabor doce e defumado: uma opção é usar partes do frango, como asas e coxas. Depois de cozida, corte a carne em pedaços pequenos e sirva numa travessa grande, regada com caldo de limão.

Grelhar o limão, taiti ou siciliano, na churrasqueira é uma maneira fantástica de extrair dele o máximo de caldo.

4 GALETOS
6 A 8 LIMÕES CORTADOS AO MEIO

Tempero picante
2 COLHERES (CHÁ) DE AÇÚCAR MASCAVO
½ COLHER (CHÁ) DE SAL
2 COLHERES (CHÁ) DE PÁPRICA
1 COLHER (CHÁ) DE PIMENTA-DA-JAMAICA EM PÓ
1 COLHER (CHÁ) DE PIMENTA-DE-CAIENA EM PÓ
1 COLHER (SOPA) DE PIMENTA-DO-REINO MOÍDA NA HORA
1 COLHER (CHÁ) DE ALHO DESIDRATADO EM PÓ

Rende 4 porções

Para preparar o tempero, coloque todos os ingredientes numa tigela pequena e misture bem.

Para abrir a ave em formato de borboleta, use uma tesoura limpa de maneira a cortar cada lado da espinha dorsal e retire-a. Apare o pescoço, retire as entranhas e pressione o galeto para achatar. Lave bem em água corrente e seque com papel-toalha.

Preaqueça a churrasqueira ou a grelha até atingir uma temperatura média-alta.

Coloque os galetos abertos numa assadeira grande e cubra generosamente os dois lados com o tempero picante.

Coloque o limão na churrasqueira ou na grelha e grelhe por 2 minutos, até caramelizarem, depois retire e reserve.

Grelhe as aves por 20 a 25 minutos de cada lado ou até que estejam cozidas, espremendo o caldo de alguns limões grelhados sobre elas enquanto assam. Sirva quente, cortadas em pedaços acompanhados com o restante do limão grelhado.

Esta receita foi inspirada num prato de uma lanchonete da cidade; ela é leve e repleta de sabores frescos e crocantes. Vamos encarar os fatos: como uma salada não seria gostosa se um dos ingredientes é leitão — e à pururuca? Uhuuu!

Salada vietnamita com leitão à PURURUCA

1 KG DE BARRIGA DE PORCO
SAL MARINHO E PIMENTA-DO-REINO MOÍDA NA HORA
AZEITE PARA PASSAR
SEMENTES DE GERGELIM PARA DECORAR

Salada vietnamita

2 A 3 CEBOLINHAS CORTADAS EM FATIAS FINAS
1 PIMENTA DEDO-DE-MOÇA, SEM SEMENTES E PICADA FINO
½ PEPINO GRANDE, CORTADO EM CUBOS DE 1 CM
1 MAMÃO PAPAIA VERDE DESCASCADO E FATIADO FINO
1 PUNHADO DE FOLHAS DE COENTRO RASGADAS COM AS MÃOS
1 PUNHADO DE FOLHAS DE HORTELÃ RASGADAS
½ XÍCARA (70 G) DE AMENDOINS TORRADOS SEM SAL

Molho de limão e vinagre para salada

2 COLHERES (SOPA) DE VINAGRE DE ARROZ
3 COLHERES (CHÁ) DE MOLHO DE PEIXE
2 COLHERES (CHÁ) DE SHOYU
2 COLHERES (SOPA) DE CALDO DE LIMÃO
1 COLHER (SOPA) DE AÇÚCAR
1 PIMENTA-MALAGUETA FATIADA FINO
SAL MARINHO E PIMENTA-DO-REINO MOÍDA NA HORA

Rende 4 porções

Preaqueça o forno a 240 °C.

Coloque a barriga de porco sobre uma superfície limpa, com a pele para cima, e seque completamente usando papel-toalha. Com uma faca pequena bem afiada, faça sulcos na pele em intervalos de 1,5 cm, tomando cuidado para não atravessar a carne. Passe sal marinho na pele, espalhando por toda a superfície e fazendo com que penetre pelos sulcos. Vire a carne e, usando as mãos, esfregue a parte inferior com um pouco de azeite e tempere com sal e uma boa quantidade de pimenta-do-reino moída na hora.

Coloque o porco numa assadeira, com a pele voltada para cima. Asse por 30 minutos (este tempo permite que a pele comece a "pururucar"), então baixe a temperatura para 180 °C e asse por mais 2 horas. Se a pele não atingiu o ponto exato até esse estágio, basta aumentar a temperatura para 200 °C e assar por mais 20 minutos (o ponto ideal é quando a pele está dourada e dura; você pode verificar batendo com as costas de uma colher). Retire do forno e transfira para um aramado colocado sobre um prato, recolhendo depois o caldo liberado pela carne enquanto descansa. Deixe esfriar completamente. Depois de frio, corte o porco em tiras usando os sulcos feitos na pele como guia, então corte cada fatia em pequenos cubos.

Para fazer a salada, coloque todos os ingredientes numa tigela e misture. Para o molho, bata com um garfo todos os ingredientes numa tigela pequena.

Despeje metade do molho sobre a salada e mexa. Acrescente os cubos de carne e mexa novamente. Coloque uma porção grande de salada em cada prato, decore com folhas de hortelã e sementes de gergelim, e deixe o restante do molho para salada na mesa, para que cada pessoa se sirva.

Em 2011, escrevi no blog sobre um pequeno restaurante na esquina de casa. O Love.fish pertence a dois grandes amigos meus, Michael e Michelle, e é administrado por eles. A comida é maravilhosa: ingredientes orgânicos, peixes criados de forma sustentável, cozidos de maneira simples e com uma grande variedade de saladas e acompanhamentos saudáveis e extremamente saborosos. Um dos meus pratos favoritos é o desta receita — adoro sabores levemente ácidos e a consistência do rabanete em conserva. Você pode substituir o robalo por outro peixe branco de consistência firme, se desejar.

Robalo com salada de rabanete, VAGEM e agrião

1 MAÇÃ VERDE
1 A 2 COLHERES (CHÁ) DE CALDO DE LIMÃO SICILIANO
1 PUNHADO DE VAGENS APARADAS
150 ML DE AZEITE EXTRAVIRGEM
1 PUNHADO DE AGRIÃO LAVADO, SOMENTE AS FOLHAS
2 FILÉS DE ROBALO (200 G CADA UM) COM PELE E SEM ESPINHAS
AZEITE PARA COZINHAR
PIMENTA-DO-REINO MOÍDA NA HORA

Rabanete em conserva
1 XÍCARA (250 ML) DE VINAGRE BRANCO
1 COLHER (CHÁ) DE SAL
½ XÍCARA (110 G) DE AÇÚCAR
1 ANIS-ESTRELADO
½ COLHER (CHÁ) DE MOSTARDA EM GRÃOS
1 BAGA DE CARDAMOMO ESMAGADA
6 RABANETES CORTADOS EM QUATRO

Rende 2 porções

Para preparar o rabanete em conserva, coloque o vinagre, o sal, o açúcar, o anis-estrelado, os grãos de mostarda, o cardamomo e ½ xícara (125 ml) de água numa panela média em fogo médio-baixo e cozinhe até que o açúcar e o sal tenham dissolvido. Acrescente o rabanete e aqueça até o ponto de fervura — mas não deixe o líquido ferver. Retire do fogo e deixe descansar por 30 minutos, depois leve à geladeira para esfriar completamente. Transfira o rabanete em conserva para uma tigela pequena e reserve 50 ml do líquido.

Usando um mandolim ou uma faca bem afiada, corte a maçã em dez rodelas finíssimas (não é necessário retirar o miolo, apenas remova as sementes que ficarem nas fatias). Transfira para uma tigela, regue com o caldo de limão para evitar que escureça e reserve.

Leve as vagens a uma panela pequena de água fervente por 2 a 3 minutos, depois escorra e mergulhe numa tigela de água gelada (isso as mantém crocantes e conserva a cor intensa).

Bata o azeite extravirgem e o líquido da conserva reservado para preparar o molho para salada. Junte a vagem, o agrião e o rabanete em conserva numa tigela. Acrescente o molho e misture delicadamente.

Aqueça uma frigideira em fogo alto. Esfregue um pouco de azeite em ambos os lados dos filés de peixe, depois coloque-os com a pele para baixo na frigideira quente por 8 a 10 minutos, colocando um peso, como uma panela de ferro, por exemplo, sobre eles, para achatar e deixar a pele mais crocante. Vire e frite por mais 2 minutos ou até os filés ficarem opacos no centro. Retire a panela do fogo e deixe o peixe descansar por 2 minutos.

Para servir, divida as fatias de maçã entre os pratos, depois cubra com um pouco de salada e finalize com pimenta-do-reino moída na hora.

Tomates assados
com QUEIJO manchego

Sou grande fã de tomate — costumo comer em quase todas as refeições. Uma das minhas formas favoritas de fazer tomates é assar em baixa temperatura com azeite e manjericão. Nesta receita também adicionei manchego, um delicioso queijo duro de leite de ovelha da região de La Mancha, na Espanha.

Gosto de preparar e servir este prato em tigelinhas individuais para tapas, mas você também pode usar uma assadeira grande. Tomates assados são bastante versáteis e combinam muito com presunto cru ou patatas bravas com presunto e ovo (*ver p. 74*) num almoço leve. Também são uma base magnífica para sopas e molho de pizza.

ALMOÇO

Nº 71

6 TOMATES GRANDES, CORTADOS AO MEIO NO SENTIDO DO COMPRIMENTO
1/3 DE XÍCARA (80 ML) DE AZEITE SUAVE
SAL MARINHO E PIMENTA-DO-REINO MOÍDA NA HORA
1 PUNHADO GRANDE DE FOLHAS DE MANJERICÃO
1 XÍCARA (100 G) DE QUEIJO MANCHEGO RALADO E UM POUCO MAIS PARA SERVIR
FATIAS DE PÃO GRELHADO PARA ACOMPANHAR

Rende 4 porções

Preaqueça o forno a 120 ºC.

Divida os tomates entre quatro tigelinhas refratárias para tapas, com o lado cortado para cima.

Regue com azeite e tempere bem com sal e pimenta-do-reino. Organize as folhas de manjericão em volta dos tomates, mergulhando no azeite. Leve ao forno e deixe assar por 1 hora 30 minutos ou até que os tomates amoleçam.

Polvilhe com o manchego ralado, depois leve de volta ao forno por mais 10 minutos para que o queijo derreta.

Sirva bem quente, acrescentando queijo manchego ralado. Acompanhe com fatias de pão grelhado.

Patatas bravas com PRESUNTO e ovo

Falando sério, existe algo melhor do que batatas picantes, presunto crocante e ovo frito, preparados numa mesma tigelinha e cobertos com bastante pimenta-do-reino? Delicioso! Este é um prato reconfortante, perfeito para almoços de inverno, servido com muito pão.

6 BATATAS ASTERIX GRANDES, CORTADAS EM QUATRO NO SENTIDO
  DO COMPRIMENTO, DEPOIS EM PEDAÇOS DE 2 A 3 CM
1 COLHER (CHÁ) DE SAL
²/₃ DE XÍCARA (160 ML) DE AZEITE E UM POUCO MAIS PARA FRITAR
2 PIMENTAS DEDO-DE-MOÇA PICADAS
2 COLHERES (CHÁ) DE PÁPRICA
3 RAMOS DE TOMILHO, SOMENTE AS FOLHAS
SAL MARINHO E PIMENTA-DO-REINO MOÍDA NA HORA
8 FATIAS DE PRESUNTO CRU
4 OVOS CAIPIRAS GRANDES
PÃO ITALIANO PARA ACOMPANHAR

Rende 4 porções

Encha uma panela grande até a metade com água fria e coloque as batatas e o sal. Leve ao fogo até ferver, depois baixe a temperatura e deixe em fogo brando por 20 minutos ou até as batatas estarem cozidas. Escorra e reserve.

Coloque o azeite, a pimenta, a páprica, as folhas de tomilho, uma pitada de sal e bastante pimenta-do-reino numa tigela pequena e misture bem.

Aqueça 1 a 2 colheres (sopa) de azeite numa frigideira grande em fogo médio. Acrescente metade das batatas e frite até ficarem douradas e crocantes. Retire e escorra em papel-toalha. Repita com o restante das batatas, adicionando mais azeite se necessário, depois leve de volta todas as batatas à panela. Acrescente a mistura de pimenta e azeite e misture bem. Frite por mais 1 ou 2 minutos, depois retire a panela do fogo e reserve.

Forre uma assadeira com papel-alumínio, então cubra com uma camada de presunto cru. Asse por 5 minutos em temperatura alta, ou até ficar crocante.

Unte generosamente quatro tigelinhas refratárias para tapas com azeite. Forre as bordas de cada tigela com duas fatias de presunto. Divida as batatas igualmente entre as tigelinhas, deixando um espaço no centro, e quebre um ovo ali. Coloque as tigelas para cozinhar em banho-maria sobre o fogo em temperatura média por 10 a 15 minutos ou até que a clara esteja cozida. Cuidado ao manusear as tigelas, pois elas estarão pelando — proteja suas mãos e sirva cada tigela sobre um prato. Tempere com um pouco de sal e pimenta-do-reino e sirva bem quente, com pão fresco para aproveitar os deliciosos sucos do prato.

CAPÍTULO
Nº 3

Saladas

Salada de SEMENTES DE ABÓBORA tostadas e agrião com OVO DE PATA frito

Esta receita é a combinação de dois pratos de que gostei muito numa visita recente a Nova York — reúne meus sabores favoritos. O molho é deliciosamente apimentado, as sementes de abóbora tostadas são salgadas e crocantes, o agrião proporciona um toque sutil e picante e o ovo de pata oferece um contraste cremoso e suculento, simplesmente magnífico. Além de tudo isso, ainda há o bacon... Preciso dizer mais alguma coisa?

Ovos de pata são consideravelmente maiores e mais nutritivos do que os de galinha, por isso vale a pena fazer um esforço para adquiri-los. Se não conseguir, substitua por ovos de galinha caipira ou orgânicos.

1 XÍCARA (200 G) DE SEMENTES DE ABÓBORA
SAL MARINHO E PIMENTA-DO-REINO MOÍDA NA HORA
AZEITE PARA COZINHAR
10 FATIAS DE BACON, COM A GORDURA E A PELE REMOVIDAS, CORTADAS EM PEDAÇOS DE 2 CM
2 MAÇOS GRANDES DE AGRIÃO, SOMENTE AS FOLHAS, LAVADAS
4 OVOS DE PATA

Molho de mostarda suave
3 COLHERES (SOPA) DE AZEITE EXTRAVIRGEM
1½ COLHER (SOPA) DE VINAGRE DE XEREZ
3 COLHERES (CHÁ) DE MOSTARDA DE DIJON
SAL MARINHO E PIMENTA-DO-REINO MOÍDA NA HORA

Rende 4 porções como uma refeição leve

Preaqueça o forno a 180 °C.

Coloque as sementes de abóbora numa assadeira e tempere com um pouco de sal e pimenta-do-reino. Regue com uma pequena quantidade de azeite e espalhe. Toste por 10 a 15 minutos até dourar, então reserve para esfriar.

Aqueça 1 colher (chá) de azeite numa frigideira em fogo médio. Quando estiver quente, acrescente o bacon e frite por 10 minutos ou até que esteja crocante. Coloque sobre papel-toalha para escorrer.

Para preparar o molho, bata todos os ingredientes numa tigelinha.

Divida o agrião, o bacon e as sementes de abóbora entre os pratos para servir e regue cada um com um pouco do molho para salada.

Aqueça 1 a 2 colheres (sopa) de azeite em fogo médio-baixo numa frigideira grande, coloque dois ovos de cada vez e deixe fritar por 3 a 4 minutos, até que as claras endureçam mas as gemas ainda estejam moles, ou até que estejam no ponto que preferir.

Cubra cada prato com um ovo frito e sirva com mais molho para salada.

Salada de chorizo e batata com RÚCULA e lascas de queijo MANCHEGO

Experimentei o queijo manchego (ver p. 71) pela primeira vez durante uma viagem escolar que fiz para a Espanha há alguns (muitos) anos. Adoro queijos duros, como o cheddar, por exemplo, e este é bem semelhante, mas possui um magnífico sabor amendoado. Compre o chorizo de melhor qualidade possível; isso realmente faz toda a diferença.

500 g de batatas Asterix
1 colher (chá) de sal
Azeite para cozinhar
250 g de chorizo, cortado ao meio no sentido do comprimento, depois fatiado fino
½ xícara (75 g) de tomates secos escorridos
Caldo de 1 limão siciliano e a casca raspada em fios
1 cebola roxa, cortada ao meio e fatiada fino
1 dente de alho grande picadinho
2 colheres (sopa) de azeite extravirgem
Sal marinho e pimenta-do-reino moída na hora
1 punhado grande de folhas de rúcula cortadas em tiras
150 g de queijo manchego em lascas

rende 4 a 6 porções como acompanhamento

Encha uma panela grande até a metade com água fria e coloque as batatas e o sal. Leve ao fogo até ferver, baixe a temperatura e mantenha em fogo brando por 20 minutos ou até que as batatas estejam cozidas. Escorra e deixe esfriar completamente antes de cortar em fatias de 2 cm, depois transfira para uma tigela grande.

Aqueça 1 colher (sopa) de azeite numa frigideira em fogo médio, acrescente o chorizo e frite por 10 minutos ou até ficar crocante. Retire da panela e coloque as batatas, com os tomates secos, as raspas de limão e a cebola.

Numa tigelinha, misture o alho, o azeite e o caldo de limão, tempere com sal e pimenta-do-reino e despeje sobre a salada. Misture delicadamente e transfira para uma travessa.

Coloque a rúcula e as lascas de queijo manchego por cima e sirva.

A cevadinha é um ingrediente bastante versátil. Dá volume a sopas e saladas e possui um sabor amendoado incrível. É uma ótima alternativa para substituir o arroz e combina muito bem com outros grãos, como a lentilha. Para um prato sem glúten, basta usar quinoa no lugar da cevadinha, cozinhando-a de acordo com as instruções da embalagem. Gosto de adicionar cebolinha, tanto a parte do talo como o bulbo, para dar uma cor extra.

1 FILÉ DE PEITO DE FRANGO CAIPIRA (200 G) CORTADO EM TRÊS PARTES, NO SENTIDO DO COMPRIMENTO
¼ DE XÍCARA (20 G) DE AMÊNDOAS LAMINADAS
1 XÍCARA (200 G) DE CEVADINHA
CALDO DE 1 LIMÃO SICILIANO
1 COLHER (SOPA) DE AZEITE E UM POUCO MAIS PARA PINCELAR
SAL MARINHO E PIMENTA-DO-REINO MOÍDA NA HORA
1 CABEÇA DE BRÓCOLIS JAPONÊS, SEPARADA EM BUQUÊS
1 ABOBRINHA COM AS PONTAS APARADAS E CORTADA EM TIRAS DE 0,5 CM NO SENTIDO DO COMPRIMENTO
3 CEBOLINHAS COM AS PONTAS APARADAS E PICADAS BEM MIUDINHO
1 PIMENTÃO VERDE COM AS PONTAS APARADAS, SEM SEMENTES E EM CUBINHOS
1 PUNHADO GRANDE DE FOLHAS DE RÚCULA, BEM PICADAS

Marinada
CALDO DE 1 LIMÃO SICILIANO
1 COLHER (CHÁ) DE PASTA PICANTE DE HARISSA INDUSTRIALIZADA
1 COLHER (SOPA) DE AZEITE
1 PITADA DE SAL MARINHO

Salada de cevadinha e frango TEMPERADA com HARISSA

Rende 2 porções como prato principal ou 4 como acompanhamento

Para fazer a marinada, bata todos os ingredientes numa tigela. Coloque o frango num recipiente raso e despeje a marinada sobre ele, certificando-se de que fique bem coberto. Leve à geladeira por 30 minutos a 1 hora.

Enquanto isso, preaqueça o forno a 180 °C. Espalhe as amêndoas laminadas numa assadeira e leve para assar por 5 a 6 minutos, depois reserve.

Coloque a cevadinha numa panela e cubra com 3 xícaras (750 ml) de água fria. Leve ao fogo até ferver e deixe cozinhar em fogo brando por 35 minutos. Escorra, lave com água fria e deixe numa tigela para esfriar um pouco. Misture o caldo de limão, 1 colher (sopa) de azeite e um pouco de pimenta-do-reino numa tigelinha. Junte esse molho com a cevadinha e reserve.

Cozinhe o brócolis numa panela de água fervente em fogo brando por 2 a 3 minutos, escorra e coloque imediatamente numa tigela de água gelada. Escorra novamente e reserve.

Pincele cada lado das tiras de abobrinha com um pouco de azeite. Aqueça uma frigideira e refogue as tiras, dos dois lados, até ficarem levemente douradas. Deixe esfriar um pouco antes de cortar em cubinhos.

Aqueça uma frigideira grande em fogo médio e coloque o frango para cozinhar com o restante da marinada por 10 a 12 minutos ou até que fique caramelizado por fora e cozido por dentro e a marinada esteja borbulhando. Retire o frango e os sucos e reserve, cobertos, para descansar por 5 minutos antes de fatiar bem fino cada tira.

Coloque o frango, as amêndoas, a cevadinha, o brócolis, a abobrinha, a cebolinha, o pimentão e a rúcula numa tigela grande e misture bem. Tempere com sal e pimenta-do-reino a gosto e sirva.

Salada de pancetta caramelizada, QUEIJO FETA e molho balsâmico

Esta salada sempre agrada a todos: há algo na combinação do vinagre balsâmico e da mostarda à antiga com a pancetta, salgada, suave e crocante, que deixa as pessoas com gostinho de quero mais. Se não conseguir encontrar pancetta, utilize presunto cru, mas não acrescente sal, pois ele já é bastante salgado. A toranja dá um toque realmente refrescante à salada.

- 1 PUNHADO GRANDE DE CASTANHAS-DE-CAJU
- 2 TORANJAS
- 6 PUNHADOS DE FOLHAS VARIADAS DE ALFACE, LAVADAS E SECAS
- 250 G DE TOMATES-CEREJA CORTADOS AO MEIO
- 1 MAÇO DE CEBOLINHAS COM AS PONTAS APARADAS E CORTADAS NA DIAGONAL
- 250 G DE QUEIJO FETA ESFARELADO
- 10 FATIAS FINAS DE PANCETTA
- 1 COLHER (SOPA) DE MEL

Molho balsâmico de mostarda
- 2 COLHERES (SOPA) DE VINAGRE BALSÂMICO
- 100 ML DE AZEITE EXTRAVIRGEM
- 1 COLHER (SOPA) DE MOSTARDA À ANTIGA (COM GRÃOS)
- SAL MARINHO E PIMENTA-DO-REINO MOÍDA NA HORA

Rende 4 porções como acompanhamento

Preaqueça o forno a 180 °C. Espalhe as castanhas numa assadeira e leve para assar por 7 a 10 minutos, até dourar, e reserve.

Corte as extremidades de cada toranja. Coloque sobre uma tábua e, trabalhando de cima para baixo, use uma faquinha para retirar a casca e a parte branca. Segurando a fruta sobre uma tigela para recolher os sucos, corte os gomos cuidadosamente, separando a membrana e deixando que eles caiam na tigela — não devem ter partes brancas ou caroços.

Misture a alface, o tomate, a cebolinha, o queijo feta, a toranja e as castanhas-de-caju numa saladeira.

Coloque a pancetta numa assadeira e regue com o mel. Leve ao forno quente para assar por 5 a 6 minutos, até ficar crocante — fique atento, pois o mel pode fazer com que a pancetta queime facilmente. Deixe esfriar um pouco, depois esfarele a pancetta sobre a salada.

Para preparar o molho, bata todos os ingredientes numa tigelinha. Regue a salada com o molho, misture e sirva.

Salada de REPOLHO ROXO e erva-doce
com iogurte de estragão e limão siciliano

Esta salada não tem apenas um visual fantástico, mas também é recheada de sabores e consistências frescos, tudo isso regado com um molho de iogurte suavemente ácido. Combina bem com pargo ou sardinha grelhados no jantar, ou com vieiras para uma entradinha.

1 XÍCARA (120 G) DE NOZES-PECÃS
4 LARANJAS
1 BULBO DE ERVA-DOCE GRANDE
¼ DE REPOLHO ROXO, SEM O MIOLO, FATIADO FINO
200 G DE QUEIJO DE CABRA MACIO
SAL MARINHO E PIMENTA-DO-REINO MOÍDA NA HORA

Iogurte de estragão e limão siciliano

1 PUNHADO PEQUENO DE FOLHAS DE ESTRAGÃO BEM PICADAS
CALDO DE 1 LIMÃO SICILIANO
2 COLHERES (SOPA) DE AZEITE EXTRAVIRGEM
1 PUNHADO DE FOLHAS DE HORTELÃ FRESCAS BEM PICADAS
⅓ DE XÍCARA (95 G) DE IOGURTE GREGO
SAL MARINHO E PIMENTA-DO-REINO MOÍDA NA HORA

Rende 4 porções como acompanhamento

Preaqueça o forno a 180 °C. Espalhe as nozes-pecãs numa assadeira e leve para assar por 7 a 10 minutos, depois pique-as grosseiramente e reserve.

Para fazer o molho de iogurte, misture todos os ingredientes numa tigelinha e leve à geladeira até usar.

Corte as extremidades de cada laranja. Coloque sobre uma tábua e, de cima para baixo, com uma faca pequena, corte a casca e a parte branca. Segurando a fruta sobre uma tigela para recolher os sucos, corte os gomos cuidadosamente, separando a membrana e deixando que eles caiam na tigela — não devem ter partes brancas ou sementes.

Acrescente a erva-doce, o repolho e as nozes-pecãs à tigela e misture. Cubra com o queijo de cabra esfarelado, regue com o molho de iogurte, tempere e sirva.

Meu amor por vinagre balsâmico é bem conhecido entre meus amigos, e certa vez fui desafiada a tomar um copo (de tamanho razoável) de vinagre de uma só vez (só para esclarecer: eu não tomei, mas só porque era um vinagre barato!). Brincadeiras à parte, gosto muito de vinagre balsâmico envelhecido, e sempre que tenho a sorte de me aventurar pela Itália, volto para casa com uma porção deles. Sou do tipo que despeja balsâmico generosamente sobre todos os alimentos de que gosto, como pão, queijo, tomate e alcaparra (por isso, acho que esta salada pode ser considerada uma das minhas refeições favoritas).

Se seu fogão não é a gás, o mesmo resultado pode ser conseguido tostando os pimentões na churrasqueira ou num forno preaquecido a 200 °C, por cerca de 1 hora (depois de cobrir com um pouco de azeite).

PANZANELLA
da Katie

8 TOMATES GRAPE, CORTADOS AO MEIO NO SENTIDO DO COMPRIMENTO
SAL MARINHO E PIMENTA-DO-REINO MOÍDA NA HORA
AZEITE PARA COZINHAR
1 PÃO TIPO ITALIANO REDONDO, DO DIA ANTERIOR, CORTADO EM PEDAÇOS PEQUENOS
3 PIMENTÕES VERMELHOS
1 COLHER (SOPA) DE AZEITE EXTRAVIRGEM
220 G DE MUÇARELA DE BÚFALA FRESCA GROSSEIRAMENTE RASGADA
1 COLHER (SOPA) DE ALCAPARRAS SALGADAS LAVADAS
1 MAÇO DE MANJERICÃO, SOMENTE AS FOLHAS

Molho de vinagre balsâmico
3 COLHERES (SOPA) DE AZEITE EXTRAVIRGEM
1 COLHER (SOPA) DE VINAGRE BALSÂMICO
SAL MARINHO E PIMENTA-DO-REINO MOÍDA NA HORA

Rende 2 porções como refeição leve ou 4 como acompanhamento

Preaqueça o forno a 130 °C.

Coloque os tomates numa assadeira, tempere levemente com sal e pimenta-do-reino e regue-os com um pouco de azeite. Leve ao forno e deixe assar por 2 horas ou até ficarem bem macios e levemente caramelizados. Depois de 1½ hora, espalhe os pedaços de pão em outra assadeira, regue com um pouco de azeite e coloque no forno com os tomates por pelo menos 30 minutos, até que estejam levemente dourados e crocantes. Transfira o pão para uma tigela grande e deixe os tomates esfriarem.

Enquanto isso, com um pegador, segure os pimentões sobre a chama de um queimador, girando ocasionalmente, até que a pele esteja queimada. Coloque numa tigela grande, cubra com filme e reserve até que estejam frios o bastante para ser manuseados; a seguir remova a pele. Retire e descarte o miolo e a membrana branca interna, com as sementes, depois corte a polpa em tiras. Coloque numa tigelinha e misture a polpa com 1 colher (sopa) de azeite extravirgem.

Para preparar o molho, bata todos os ingredientes numa tigelinha. Regue sobre os pedaços de pão torrado e misture bem, depois retire com uma escumadeira e transfira para uma travessa, reservando o molho.

Junte ao pão na travessa o tomate assado, as tiras de pimentão (depois de escorrido o azeite), a muçarela, as alcaparras e o manjericão. Regue com o molho, misture e tempere com sal e pimenta-do-reino antes de servir.

Salada de CUSCUZ MARROQUINO com tomates assados, grão-de-bico e OVOS COZIDOS

Tomates assados lentamente no forno ficam muito saborosos. Sempre que posso, gosto de usar tomates amadurecidos no pé, pois o aroma é de tirar o fôlego. Entretanto, assar lentamente ressalta o sabor de qualquer tomate, por isso você pode usar as variedades mais comuns, de sabor menos intenso. Em vez de comprar tomates secos, costumo assar tomates italianos frescos lentamente, no forno a 130 °C, por 3 horas, depois colocá-los num vidro esterilizado, cobrir com azeite extravirgem e armazenar na geladeira até a hora de usá-los.

Para esta receita, cozinho os ovos por cerca de 5 minutos para que a clara fique firme, mas a gema se mantenha mole e viscosa.

8 TOMATES PEQUENOS CORTADOS EM QUATRO
AZEITE PARA COZINHAR
SAL MARINHO E PIMENTA-DO-REINO MOÍDA NA HORA
1¼ DE XÍCARA (250 G) DE CUSCUZ MARROQUINO
UM PEDAÇO DE MANTEIGA
1 LATA (400 G) DE GRÃO-DE-BICO COZIDO E ESCORRIDO
1 DENTE DE ALHO AMASSADO
1 COLHER (CHÁ) DE COMINHO EM PÓ
3 COLHERES (SOPA) DE SEMENTES DE ABÓBORA
1 PITADA DE SEMENTES DE ERVA-DOCE
3 A 4 OVOS CAIPIRAS COZIDOS, MOLES E CORTADOS AO MEIO NO SENTIDO DO COMPRIMENTO
1 PUNHADO DE FOLHAS DE MANJERICÃO

Molho de iogurte picante
1 XÍCARA (280 G) DE IOGURTE NATURAL
1 COLHER (CHÁ) DE COMINHO EM PÓ
1 COLHER (CHÁ) DE CALDO DE LIMÃO SICILIANO
1 COLHER (CHÁ) DE AZEITE EXTRAVIRGEM
PIMENTA-DO-REINO MOÍDA NA HORA

Rende 6 porções como acompanhamento

Preaqueça o forno a 140 °C.

Espalhe os tomates numa assadeira, regue com um pouco de azeite, tempere com sal e pimenta-do-reino e leve para assar por 1 a 1 hora 30 minutos, ou até que estejam caramelizados e murchos.

Coloque o cuscuz numa tigela, adicione a manteiga e uma pitada de sal. Em seguida, despeje água fervente o bastante para cobrir o cuscuz. Tampe com filme e deixe descansar por 5 minutos ou até que todo o líquido tenha sido absorvido. Com um garfo, separe os grãos para deixar o cuscuz leve e aerado, depois tempere bem com sal e pimenta-do-reino.

Enquanto isso, aqueça 1 colher (chá) de azeite numa frigideira funda. Misture o grão-de-bico, o alho, o cominho, as sementes de abóbora e de erva-doce, tempere e refogue em o fogo baixo por 10 minutos, mexendo sempre, até que o grão-de-bico esteja dourado e levemente crocante por fora. Retire do fogo e adicione o cuscuz com os tomates assados. Misture delicadamente e transfira para uma travessa.

Para preparar o molho, bata todos os ingredientes numa tigelinha.

Espalhe os ovos e o manjericão sobre a salada, regue com o molho e sirva.

Esta é uma deliciosa salada que combina especialmente bem com peixe, como o salmão, por exemplo. Eu uso batatas bolinha, mas as Asterix também servem, porque mantêm o formato quando cozidas. Se não encontrar agrião, você pode substituir por rúcula.

Vagens frescas, escaldadas por um ou dois minutos, cortadas em pedaços pequenos, são uma boa alternativa para substituir os aspargos quando não for época.

Batatas bolinha com ASPARGOS e molho de alcaparras

10 batatas bolinha (cerca de 750 g)
1 colher (chá) de sal
1 maço grande de aspargos finos (cerca de 10 talos), sem as pontas, cortados em pedaços de 2 cm
1 punhado de folhas de agrião lavadas e rasgadas

Molho de alcaparras
⅓ de xícara (chá) (100 ml) de azeite extravirgem
2 colheres (sopa) de caldo de limão siciliano
¼ de xícara (50 g) de alcaparras em conserva lavadas e bem picadas
1 punhado de ramos de endro picados
Sal marinho e pimenta-do-reino moída na hora

Encha uma panela grande até a metade com água fria e coloque as batatas e o sal. Leve ao fogo até ferver, baixe a temperatura e deixe em fogo brando por 20 minutos ou até que as batatas estejam cozidas. Escorra e deixe esfriar completamente antes de cortar ao meio ou em quatro (dependendo do tamanho — para obter pedaços pequenos).

Enquanto isso, encha uma panela média com água, leve ao fogo até ferver e acrescente os aspargos. Cozinhe por 2 a 3 minutos, depois escorra e coloque-os imediatamente numa tigela de água gelada.

Para preparar o molho, misture todos os ingredientes numa tigelinha e tempere com sal e pimenta-do-reino.

Coloque as batatas e os aspargos numa tigela grande e cubra com metade do molho. Transfira para uma travessa grande. Decore com as folhas de agrião, regue com o restante do molho e sirva.

Rende 4 porções como acompanhamento

SALADA DE QUINOA e lentilha com aspargos, hortelã e queijo de coalho

Nº 99

O queijo de coalho é uma excelente fonte de cálcio e perfeito para ser utilizado em saladas por sua baixa quantidade de gordura. Adoro a consistência "carnuda", embora um pouco borrachuda. Esse queijo fica ainda mais incrível quando fatiado e frito. Para variar, costumo marinar um bloco de queijo de coalho em caldo de limão, depois fritá-lo inteiro, fatiar e servir. O resultado é um queijo selado e crocante por fora, com a parte central macia e cremosa.

1 XÍCARA (200 G) DE LENTILHA DE PUY
1 COLHER (SOPA) DE AZEITE
1 COLHER (SOPA) DE VINAGRE DE VINHO TINTO
SAL MARINHO E PIMENTA-DO-REINO MOÍDA NA HORA
1 XÍCARA (100 G) DE QUINOA BEM LAVADA
16 TALOS DE ASPARGOS, SEM AS PONTAS DURAS, CORTADOS EM PEDAÇOS DE 2,5 CM
1 PEDAÇO (180 G) DE QUEIJO DE COALHO CORTADO EM TIRAS FINAS
CALDO E RASPAS DE 2 LIMÕES, ALÉM DE ALGUMAS FATIAS EXTRAS PARA SERVIR
250 G DE TOMATES-CEREJA CORTADOS EM QUATRO
3 CEBOLINHAS COM AS PONTAS APARADAS E EM FATIAS BEM FINAS
1 PIMENTA DEDO-DE-MOÇA VERDE, SEM SEMENTES E BEM PICADA
1 PUNHADO GRANDE DE FOLHAS DE HORTELÃ GROSSEIRAMENTE PICADAS
PÃO TIPO ITALIANO, PARA ACOMPANHAR

Rende 2 porções como prato principal ou 4 como acompanhamento

Coloque as lentilhas e 3 xícaras (750 ml) de água fria numa panela pequena, leve ao fogo até ferver e deixe cozinhar em fogo baixo por 25 minutos, ou até que estejam cozidas (elas devem estar levemente macias, mas ainda al dente e crocantes). Escorra e coloque sob água corrente fria para lavar. Transfira para uma tigela grande e reserve para esfriar completamente. Adicione 1 colher (sopa) de azeite e vinagre de vinho tinto e tempere bem com sal e pimenta-do-reino.

Enquanto isso, coloque a quinoa e 2 xícaras (500 ml) de água fria em outra panela pequena, leve ao fogo até ferver, depois baixe o fogo e deixe cozinhar por 10 a 15 minutos, até que toda a água tenha sido absorvida e os grãos estejam translúcidos. Retire do fogo, solte os grãos com um garfo e transfira para a tigela com as lentilhas.

Encha uma panela pequena com água, leve ao fogo até ferver e acrescente os aspargos. Cozinhe por 2 a 3 minutos, até ficarem al dente, depois escorra e coloque-os imediatamente numa tigela de água gelada. Escorra novamente e adicione à tigela com a lentilha e a quinoa.

Aqueça uma grelha em fogo médio e coloque o queijo de coalho. Regue o queijo com o caldo de limão e sele por 2 a 3 minutos, até dourar completamente. Corte em quadrados pequenos e adicione à mistura de lentilha e quinoa, com os tomates, as cebolas, a pimenta, a hortelã e as raspas de limão, depois tempere bem com sal e pimenta-do-reino.

Decore com fatias extras de limão e sirva com pão tipo italiano.

Salada de arroz selvagem, hortelã e grão-de-bico com MOLHO DE VINAGRE DE MAÇÃ

Esta salada fica ainda mais saborosa no dia seguinte — basta prepará-la com antecedência e manter na geladeira à noite. Adoro a consistência dos diferentes tipos de arroz misturados com a hortelã. Não tenha receio de usar a noz-moscada: acrescenta um sabor incrível a este prato e, assim como o cominho, combina perfeitamente com o grão-de-bico. Esta salada é um ótimo acompanhamento para carne de cordeiro ou de porco.

- 1 XÍCARA (200 G) DE ARROZ SELVAGEM
- 2 XÍCARAS (400 G) DE ARROZ INTEGRAL BEM LAVADO EM ÁGUA CORRENTE FRIA, DEPOIS ESCORRIDO
- SAL MARINHO E PIMENTA-DO-REINO MOÍDA NA HORA
- 2 LATAS (800 G) DE GRÃO-DE-BICO COZIDO E ESCORRIDO
- 1 PUNHADO GRANDE DE FOLHAS DE HORTELÃ GROSSEIRAMENTE PICADAS
- 1 PUNHADO GRANDE DE FOLHAS DE SALSINHA LISA GROSSEIRAMENTE PICADAS
- ½ COLHER (CHÁ) DE NOZ-MOSCADA RALADA NA HORA

Molho de vinagre de maçã
- ¼ DE XÍCARA (60 ML) DE VINAGRE DE MAÇÃ
- 2 COLHERES (SOPA) DE AZEITE EXTRAVIRGEM

Rende 8 porções como acompanhamento

Leve 1,5 litro de água fria ao fogo numa panela média, coloque o arroz selvagem e baixe o fogo. Deixe cozinhar por 40 a 45 minutos ou até que o arroz ainda esteja levemente firme e crocante. Escorra e deixe esfriar.

Enquanto isso, leve 2 litros de água fria ao fogo numa panela grande até ferver, acrescente o arroz integral e mexa. Baixe o fogo para médio e deixe cozinhar por 30 minutos, depois escorra. Tampe a panela e deixe descansar por 10 minutos antes de soltar com um garfo. Tempere a gosto com sal e pimenta-do-reino e deixe esfriar.

Transfira os dois tipos de arroz frios para uma tigela grande, acrescente o grão-de-bico, as ervas e, se necessário, tempere com sal e pimenta-do-reino.

Para fazer o molho, misture os ingredientes e despeje sobre o arroz. Mexa bem e leve à geladeira até servir.

Salada de fregola com BACON, ervilhas baby e limão siciliano

Nº 103

Desde a primeira vez que experimentei a *fregola* — ou *fregula* — fui fisgada. Trata-se de uma massa pequena e redonda, à base de sêmola, proveniente da Sardenha, que é semelhante ao *ptitim*, o cuscuz israelense (e pode ser usada para substituí-lo). A *fregola* combina particularmente bem com limão e tomate. Esta salada também pode ser preparada com salmão defumado desfiado ou sobras de frango assado em vez de bacon.

½ XÍCARA (70 G) DE AMÊNDOAS LAMINADAS
1 COLHER (CHÁ) DE SAL
AZEITE PARA COZINHAR
1 XÍCARA (175 G) DE *FREGOLA*
1 XÍCARA (120 G) DE ERVILHAS CONGELADAS
6 A 8 FATIAS DE BACON, GORDURA E PELE REMOVIDAS, CORTADAS EM CUBINHOS
CALDO DE ½ LIMÃO SICILIANO
1 A 2 COLHERES (SOPA) DE AZEITE EXTRAVIRGEM
SAL MARINHO E PIMENTA-DO-REINO MOÍDA NA HORA
RASPAS DE 1 LIMÃO SICILIANO
½ PEPINO GRANDE EM CUBINHOS BEM PEQUENOS
½ XÍCARA (100 G) DE RICOTA OU QUEIJO FETA
1 COLHER (SOPA) DE SEMENTES DE PAPOULA OU GERGELIM PRETO
1 PUNHADO DE FOLHAS DE HORTELÃ RASGADAS
1 PUNHADO DE FOLHAS DE SALSINHA LISA BEM PICADAS

Rende 2 porções como prato principal ou 4 como acompanhamento

Preaqueça o forno a 180 °C.

Espalhe as amêndoas laminadas numa assadeira e leve para assar no forno por 5 a 6 minutos, até dourar. Reserve.

Encha uma panela média com água até a metade, adicione sal, coloque um pouco de azeite e leve ao fogo até ferver. Acrescente a *fregola* e cozinhe em fogo brando por 9 minutos. Junte as ervilhas congeladas e cozinhe por 3 minutos. Escorra, lave bem com água fria e deixe a *fregola* e as ervilhas na peneira ou escorredor enquanto frita o bacon.

Aqueça 1 colher (sopa) de azeite numa frigideira e frite o bacon por 10 minutos, até ficar dourado e crocante; retire e coloque sobre papel-toalha.

Coloque a *fregola* e a ervilha numa saladeira. Numa xícara, misture o caldo de limão e o azeite extravirgem e regue sobre a *fregola*. Misture e depois tempere com sal e pimenta-do-reino. Acrescente o bacon, as raspas de limão, o pepino, as amêndoas laminadas, o queijo, as sementes de papoula ou gergelim preto e as ervas, e tempere com pimenta a gosto.

Misture os ingredientes com cuidado e sirva.

CAPÍTULO Nº 4

Canapés & bebidas

Hambúrguer caseiro é um dos meus pratos favoritos, mas em geral, tem a péssima reputação de ser pouco saudável, o que eu considero uma injustiça. Se for preparado com carne orgânica magra e de boa qualidade, e acompanhado por uma salada fresca, certamente não fará nenhum mal à saúde. Estes pequenos hambúrgueres são sempre os campeões nas festas — prepare os discos de carne na noite anterior e grelhe-os pouco antes de servir.

2 COLHERES (SOPA) DE AZEITE
1 CEBOLA GRANDE EM CUBINHOS
2 DENTES DE ALHO GRANDES PICADOS
500 G DE CARNE BOVINA MAGRA MOÍDA
500 G DE CARNE SUÍNA MAGRA MOÍDA
1 COLHER (SOPA) DE MOSTARDA À ANTIGA
1 COLHER (SOPA) DE TABASCO OU OUTRO MOLHO PICANTE
2 COLHERES (SOPA) DE VINAGRE BALSÂMICO
2 COLHERES (SOPA) DE ALCAPARRAS EM CONSERVA LAVADAS E BEM PICADAS
1/4 DE COLHER (CHÁ) DE PIMENTA CALABRESA DESIDRATADA EM FLOCOS
1 PIMENTA DEDO-DE-MOÇA, SEM SEMENTES E BEM PICADA
1 COLHER (SOPA) DE SALSINHA LISA BEM PICADA
SAL MARINHO E PIMENTA-DO-REINO MOÍDA NA HORA

FOLHAS DE ALFACE, FATIAS DE QUEIJO, CEBOLA EM RODELAS E *RELISH* DE TOMATE PICANTE (*VER P. 228*) PARA SERVIR

minibrioche
200 G DE MANTEIGA SEM SAL EM TEMPERATURA AMBIENTE
1 1/2 COLHER (SOPA) DE AÇÚCAR
4 OVOS CAIPIRAS
3 3/4 XÍCARAS (600 G) DE FARINHA
1/2 COLHER (CHÁ) DE FERMENTO BIOLÓGICO SECO
1 COLHER (CHÁ) DE SAL
1 XÍCARA (250 ML) DE LEITE INTEGRAL, LEVEMENTE AQUECIDO, E MAIS 1 COLHER (SOPA)
1 PUNHADO DE SEMENTES DE GERGELIM

Hambúrgueres de carne bovina e SUÍNA

rende 12 porções

Para preparar o brioche, bata a manteiga, o açúcar e 3 ovos numa tigela grande. Acrescente a farinha, o fermento e o sal e misture. Faça um buraco no centro, despeje o leite e misture usando as mãos; a massa ficará bastante pegajosa, mas não adicione mais farinha. Cubra a tigela com um pano de prato úmido e reserve num local morno por 2 horas, para crescer.

Pressione o centro da massa crescida com o punho, então sove delicadamente por 1 ou 2 minutos numa superfície com farinha. Passe farinha nas mãos e divida a massa em doze porções iguais, depois forme bolas com elas. Coloque numa assadeira enfarinhada, cubra com um pano de prato úmido e deixe crescer num local morno por 1 hora.

Preaqueça o forno a 180 °C.

Junte o ovo restante com a colher (sopa) de leite e pincele generosamente os pãezinhos com essa mistura; então polvilhe com as sementes de gergelim. Leve para assar por 20 a 30 minutos ou até que dourem.

Enquanto isso, aqueça 2 colheres (sopa) de azeite numa frigideira em fogo médio, acrescente a cebola e refogue por 3 minutos. Adicione o alho e refogue por mais 5 minutos, até que a cebola amoleça. Retire a panela do fogo e deixe esfriar por 10 minutos.

Coloque as carnes bovina e suína, a mostarda, o tabasco, o vinagre balsâmico, as alcaparras, as pimentas, a salsinha, 1 colher (chá) de sal marinho e um pouco de pimenta-do-reino numa tigela grande e misture bem, usando as mãos. Acrescente a cebola e o alho frios e misture.

Molde a mistura em 12 discos — eu uso 1/3 de xícara (4 colheres de sopa) para cada um. Coloque numa assadeira e resfrie por pelo menos 2 horas antes de levar à churrasqueira ou à frigideira.

Sirva em minibrioches recheados com um pouco de alface, queijo, cebola e *relish*. Prenda com palitos de dente e coloque um pouco mais de *relish*, se desejar.

COQUETEL DE VODCA
com *cranberry*, gengibre e *maçã*

Há alguns anos, quando visitava amigos em Nova York, comprei uma Absolut Brooklyn, vodca com sabor de maçã e gengibre que veio em uma garrafa muito legal, retratando um típico edifício de tijolinhos do Brooklyn. Tomamos muitas naquela noite, sentados no terraço do apartamento do meu amigo, que tinha vista para o Empire State Building. Ótimas lembranças e a inspiração para este coquetel.

2 XÍCARAS (500 ML) DE SUCO DE MAÇÃ
(PREFIRA O TIPO TURVO AO TRANSLÚCIDO)
2 XÍCARAS (500 ML) DE SUCO DE *CRANBERRY*
100 ML DE VODCA
2 XÍCARAS (500 ML) DE *GINGER ALE*
GELO PARA SERVIR

Coloque o suco de maçã, o suco de *cranberry* e a vodca num liquidificador e bata até obter uma mistura rosada e espumosa. Despeje numa jarra grande, acrescente o *ginger ale* e um bom punhado de gelo. Sirva imediatamente.

Rende 8 porções

CANAPÉS & BEBIDAS
Nº 111

O sabor salgado do presunto cru grelhado funciona maravilhosamente neste prato, pois contrasta com a cremosidade ácida da pasta de feijão-branco. Se desejar, adicione uma pitada de pimenta chili desidratada em flocos à pasta para dar um toque extra. Você também pode cobrir cada canapé com um tomate seco para obter um sabor realmente especial. A pasta pode ser preparada com um dia de antecedência e armazenada num recipiente com fecho hermético na geladeira até o momento de montar o prato.

Rende 25 a 30 porções

CROSTINI de feijão-branco, presunto cru e alho

3 DENTES DE ALHO GRANDES COM CASCA
2 LATAS (800 G) DE FEIJÃO-BRANCO COZIDO
1 PUNHADO PEQUENO DE FOLHAS DE SÁLVIA FRESCAS BEM PICADAS
    E MAIS 30 FOLHAS INTEIRAS PARA DECORAR
RASPAS E CALDO DE 1 LIMÃO SICILIANO
³/₄ DE XÍCARA (150 G) DE QUEIJO FETA
SAL MARINHO E PIMENTA-DO-REINO MOÍDA NA HORA
12 FATIAS DE PRESUNTO CRU
1 BAGUETE CORTADA EM FATIAS FINAS
1 XÍCARA (250 ML) DE ÓLEO DE CANOLA
AZEITE EXTRAVIRGEM PARA REGAR

Preaqueça o forno a 200 °C.

Coloque os dentes de alho numa assadeira pequena e leve para assar no forno por 30 a 40 minutos ou até que estejam macios no centro quando perfurados com uma faca afiada. Retire do forno, corte a base e esprema a polpa numa tigela grande.

Acrescente o feijão-branco, a sálvia picada, as raspas e o caldo de limão e o feta e pressione com um espremedor de batatas até obter uma pasta espessa. Tempere com sal e uma quantidade generosa de pimenta-do-reino e reserve.

Coloque o presunto cru no forno e doure por 2 a 3 minutos, até ficar crocante. Quando estiver frio o suficiente para ser manuseado, quebre em pedaços e reserve.

Aqueça o óleo de canola numa panela pequena em fogo médio até ficar bem quente. Frite duas ou três folhas de sálvia por vez, por 20 a 30 segundos, até ficarem escuras e crocantes (preste atenção, pois elas queimam rapidamente). Retire com uma escumadeira e reserve sobre papel-toalha para escorrer.

Doure as fatias da baguete no forno quente. Deixe esfriar um pouco, depois espalhe 1 colher (chá) de alho e pasta de feijão em cada uma delas. Cubra-as com um ou dois pedaços de presunto cru e decore com uma folha de sálvia crocante.

Arrume os canapés em bandejas e regue com um pouco de azeite extravirgem antes de servir.

Tortinhas AUSTRALIANAS de CARNE e bacon

Quando estive na Austrália pela primeira vez, nas férias de 2001, fiquei imediatamente encantada com a onipresente torta de carne, e voltei para Dublin determinada a abrir a primeira Fábrica de Tortas Australianas de Carne da Katie. Este plano durou uma semana inteira, depois dela fiquei completamente farta de preparar tortas 24 horas por dia em minha pequena cozinha. Ainda assim, o esforço valeu a pena, pois minhas tortinhas de carne são sempre recebidas com animação nas festas que dou (uma dica: o segredo é a noz-moscada). Para pré-assar as bases com facilidade, você vai precisar de fôrmas de minimuffins com doze orifícios. Gosto de servi-las com *relish* de tomate picante (p. 228).

1 COLHER (SOPA) DE AZEITE
1 CEBOLA BEM PICADA
5 FATIAS DE BACON, GORDURA E PELE REMOVIDAS, CORTADAS EM TIRAS
500 G DE CARNE BOVINA MAGRA MOÍDA
3 COLHERES (SOPA) DE MOLHO INGLÊS
1 COLHER (SOPA) DE MOLHO BARBECUE
1 COLHER (CHÁ) BEM CHEIA DE CURRY EM PÓ
1 COLHER (CHÁ) BEM CHEIA DE NOZ-MOSCADA RALADA NA HORA
SAL MARINHO E PIMENTA-DO-REINO MOÍDA NA HORA
1 XÍCARA (250 ML) DE CALDO DE CARNE
1 COLHER (SOPA) BEM CHEIA DE FARINHA DE TRIGO
2 FOLHAS GRANDES DE MASSA FOLHADA

1 OVO CAIPIRA MISTURADO COM 1 COLHER (SOPA) DE LEITE
1 PUNHADO DE SEMENTES DE PAPOULA OU GERGELIM PRETO
SPRAY DE ÓLEO DE CANOLA

Massa podre

4 XÍCARAS (600 G) DE FARINHA DE TRIGO
250 G DE MANTEIGA SEM SAL GELADA E CORTADA EM CUBOS
1 OVO CAIPIRA
1 COLHER (SOPA) DE ÁGUA GELADA

Rende 24 unidades

Preaqueça o forno a 200 °C. Unte duas fôrmas de minimuffins com doze orifícios cada e a parte de baixo dos orifícios de outras duas fôrmas.

Para preparar a massa, coloque a farinha e a manteiga na batedeira. Com o batedor de massa, bata em velocidade média-baixa por 5 a 6 minutos até que a mistura fique parecida com farelos finos; depois adicione o ovo e a água e bata até que a massa se torne uma bola. Se preferir, trabalhe a massa com as mãos. Vire sobre uma superfície levemente enfarinhada, e sove delicadamente por 5 minutos, moldando a massa em formato de bola. Embrulhe em filme e leve à geladeira por 30 minutos.

Abra a massa até ficar com 3 mm de espessura, depois corte 24 círculos de 7 cm e use para forrar os orifícios das fôrmas de minimuffin. Fure cada base uma ou duas vezes com um garfo, a seguir cubra com a outra fôrma, que fará o papel de peso ao pré-assar. Congele por 30 minutos, então leve ao forno para pré-assar por 20 minutos, até dourar. Retire e deixe esfriar. Baixe a temperatura do forno para 180 °C.

Enquanto isso, aqueça o azeite numa frigideira em fogo médio. Acrescente a cebola e refogue por 5 minutos, então adicione o bacon e frite até que ele fique levemente dourado e crocante. Coloque a carne e frite por 5 minutos ou até dourar. Adicione o molho inglês e o barbecue, o curry em pó, a noz-moscada, o sal e a pimenta-do-reino e misture bem. Acrescente o caldo de carne e deixe cozinhar por 5 minutos, depois polvilhe a farinha de modo uniforme e misture. Baixe a temperatura e deixe cozinhar em fogo brando por 15 a 20 minutos, até engrossar; então retire do fogo e reserve para esfriar completamente.

Recheie as bases de massa com a mistura de carne fria. Corte 24 círculos de massa folhada de cerca de 4 cm de diâmetro e coloque sobre as bases recheadas. Prenda as bordas usando um garfo, se desejar, depois pincele com a mistura de ovo e leite e polvilhe sementes de papoula ou gergelim preto.

Leve ao forno por 20 a 30 minutos ou até que a massa esteja completamente assada e dourada.

Há anos preparo este aperitivo para servir acompanhando as bebidas. Meu conselho é que você dobre a quantidade, pois as bolachinhas costumam ser devoradas em segundos. Você pode preparar com um ou dois dias de antecedência e armazenar num recipiente de fecho hermético até usar.

No. 116 Biscoito de parmesão com TOMATE ASSADO e pesto

30 TOMATES-CEREJA CORTADOS AO MEIO
AZEITE PARA COZINHAR
SAL MARINHO E PIMENTA-DO-REINO MOÍDA NA HORA
2 DENTES DE ALHO
200 G DE MANTEIGA SEM SAL AMOLECIDA
1 3/4 DE XÍCARA (260 G) DE FARINHA DE TRIGO PENEIRADA
1 COLHER (SOPA) DE CREME DE LEITE FRESCO

1 PITADA DE TOMILHO DESIDRATADO
1 3/4 DE XÍCARA (140 G) DE PARMESÃO RALADO E UM POUCO MAIS PARA POLVILHAR
2/3 DE XÍCARA (180 G) DE PESTO (VER P. 233)
AZEITE EXTRAVIRGEM
60 RAMOS PEQUENOS DE TOMILHO

Rende 60 porções

Preaqueça o forno a 180 °C. Enfarinhe generosamente duas assadeiras grandes e reserve.

Coloque o tomate, com os lados cortados para cima, numa assadeira grande e regue com o azeite. Tempere bem com sal e pimenta-do-reino e leve ao forno por 20 a 25 minutos ou até amolecerem. Enquanto isso, coloque o alho numa assadeira pequena, regue com azeite e leve para assar por 40 minutos, até que fiquem macios. Retire do forno e deixe esfriar um pouco antes de espremer a polpa mole e descartar a casca. Reserve os tomates assados e o alho, então baixe a temperatura do forno para 160 °C.

Usando uma batedeira com o batedor de massa, misture bem a farinha e a manteiga; o resultado deve ficar parecido com farelos de pão grossos. Adicione o creme de leite, o alho assado, o tomilho, o parmesão, uma pitada de sal e uma quantidade generosa de pimenta-do-reino, então continue batendo até que todos os ingredientes estejam completamente misturados. Se preferir, faça a massa com as mãos.

Transfira a massa para uma superfície muito bem enfarinhada (ela estará bem mole, mas não se preocupe — é assim que deve estar). Cubra com uma boa camada de farinha de trigo e junte formando uma bola, depois enrole em filme e leve à geladeira por 30 minutos.

Retire a massa da geladeira e enfarinhe bem a superfície de trabalho (a massa ainda parecerá muito mole para ser trabalhada — essa é a consistência certa). Abra a massa com um rolo, até ficar com 5 mm de espessura, depois corte em círculos com um cortador de biscoitos de 3 cm e transfira cada um para as assadeiras preparadas. Junte as sobras de massa e repita o processo até acabar.

Polvilhe um pouco mais de parmesão ralado sobre os biscoitos e tempere com mais pimenta-do-reino. Leve para assar por 25 a 30 minutos ou até que as superfícies estejam levemente douradas e as bases firmes. Deixe esfriar completamente.

Para montar os canapés, coloque ½ colher (chá) de pesto no centro de cada biscoito e cubra com o tomate assado. Regue com um fio de azeite extravirgem, decore com um raminho de tomilho e polvilhe com mais parmesão.

Estes apetitosos petiscos foram inspirados em um aperitivo que experimentei anos atrás numa churrascaria em Chicago. Sempre vou me lembrar dos pequenos bolinhos de caranguejo cobertos com um molho rosa brilhante incrível. Eu não fazia ideia do que era feito aquele molho, mas, depois de anos de tentativas, consegui recriar algo que acredito ser bastante semelhante. Você pode preparar esses bolinhos de caranguejo com antecedência, eles continuarão saborosos depois de fritos (surpreendentemente não ficam encharcados, desde que sejam mantidos num recipiente com fecho hermético, e não na geladeira). Talvez você queira servir os bolinhos em espetinhos ou palitos, como fiz aqui, para ficar mais fácil para os convidados.

Bolinhos de caranguejo com MAIONESE ROSA PICANTE

1 OVO CAIPIRA
1 XÍCARA (70 G) DE FARINHA DE ROSCA JAPONESA DO TIPO PANKO
2 A 3 XÍCARAS (500 A 750 ML) DE ÓLEO DE CANOLA OU AMENDOIM

Recheio de caranguejo
250 G DE CARANGUEJO FRESCO, SÓ A CARNE
1 PIMENTA DEDO-DE-MOÇA, SEM SEMENTES E BEM PICADA
2 CEBOLINHAS COM AS PONTAS APARADAS E BEM PICADINHAS
RASPAS E CALDO DE 1 LIMÃO SICILIANO
2 OVOS CAIPIRAS, COZIDOS DUROS, E DEPOIS BEM PICADOS
1 XÍCARA (70 G) DE FARINHA DE ROSCA JAPONESA DO TIPO PANKO
½ XÍCARA DE PEPINO EM CONSERVA BEM PICADO
1 COLHER (SOPA) DE ALCAPARRAS EM CONSERVA LAVADAS E BEM PICADAS
1 PUNHADO PEQUENO DE FOLHAS DE COENTRO BEM PICADAS
1 PUNHADO PEQUENO DE FOLHAS DE SALSINHA LISA BEM PICADAS
1 OVO CAIPIRA BATIDO
SAL MARINHO E PIMENTA-DO-REINO MOÍDA NA HORA

Maionese rosa picante
½ XÍCARA (150 G) DE MAIONESE
1 COLHER (SOPA) DE KETCHUP
1 COLHER (SOPA) DE EXTRATO DE TOMATE
½ COLHER (CHÁ) DE PIMENTA-DE-CAIENA
CALDO DE ½ LIMÃO

Rende 24 porções

Para fazer o recheio do bolinho de caranguejo, coloque todos os ingredientes numa tigela grande e misture bem.

Pegue uma colher (chá) de recheio e molde uma bola do tamanho de uma noz pequena. Transfira para uma assadeira grande e pressione levemente para achatar um pouco. Continue até que todo o recheio seja utilizado, reservando uma pequena quantidade (cerca de ¼ de colher de chá) para testar a temperatura do óleo — você deve obter ao todo 24 bolinhos.

Bata o ovo numa tigela pequena e coloque a farinha de rosca em outra. Mergulhe cada bolinho primeiro no ovo, depois na farinha de rosca, virando algumas vezes para empanar, a seguir coloque de volta na assadeira.

Despeje o óleo numa panela média e aqueça em fogo médio. Coloque o pedaço de recheio de caranguejo reservado — o óleo estará quente o bastante quando ele boiar e dourar rapidamente. Frite dois ou três bolinhos por vez por cerca de 1 minuto ou até dourar, então transfira com uma escumadeira para um papel-toalha. Depois que esfriarem um pouco, insira um palito de dente ou espetinho em cada um, se quiser.

Para preparar a maionese, misture todos os ingredientes numa tigelinha.

Sirva os bolinhos numa travessa grande forrada com papel-manteiga, acompanhados pela maionese rosa picante.

Sashimi de tainha com MOLHO DE ALGAS E VINAGRE

Eu poderia comer sashimi de tainha até explodir, e a sorte me ouviu, pois vivo literalmente a 5 minutos do excepcional mercado de peixes de Sydney, onde, todos os dias, é possível encontrar os mais incríveis peixes frescos. Esta é uma receita que inventei para meu aniversário há dois anos. É bastante simples, fácil de preparar e repleta de sabores frescos. Apenas certifique-se de adquirir um peixe de ótima qualidade para o sashimi e invista em uma boa faca, bem afiada.

750 G DE FILÉS DE TAINHA FATIADOS BEM FINO
PIMENTA DEDO-DE-MOÇA EM FATIAS BEM FINAS E SEMENTES DE GERGELIM, PARA DECORAR

Molho de algas e vinagre
1 COLHER (SOPA) DE VINAGRE DE ARROZ
1 COLHER (SOPA) DE VINAGRE DE MAÇÃ
$1/3$ DE XÍCARA (80 ML) DE SHOYU LIGHT
2 COLHERES (SOPA) DE ÓLEO DE GERGELIM
2 PIMENTAS DEDO-DE-MOÇA EM FATIAS BEM FINAS
1 CEBOLINHA APARADA E BEM PICADINHA
1 FOLHA DE NORI (ALGA JAPONESA) ESFARELADA EM PEDACINHOS

Para fazer o molho, coloque os vinagres, o shoyu e o óleo de gergelim numa tigelinha e bata com um garfo. Acrescente a pimenta, a cebolinha e a alga e deixe em infusão na geladeira por 30 minutos.

Coloque 2 a 3 fatias de peixe em tigelinhas individuais para servir. Adicione 1 ou 2 colheres (chá) de molho sobre o peixe e decore com um pouco de pimenta dedo-de-moça e sementes de gergelim.

Rende aproximadamente 40 unidades

Esta é a minha versão do prato favorito do Mick, meu marido, para o café da manhã: ovos Benedict. Leva os *scones* da minha mãe (os melhores do planeta), uma espécie de pães típicos ingleses, ovos de codorna fritos e o melhor condimento à moda antiga, um sabor, da minha infância, a maionese industrializada, que substitui o molho holandês. Acredite: o resultado é delicioso. Ovos de codorna fritos geralmente provocam inúmeros "oooohs" e "aaaahs", pois são pequenos e ficam muito fofos, mas mantêm o formato perfeito.

miniovos BENEDICT

3 1/3 DE XÍCARA (500 G) DE FARINHA DE TRIGO
1 COLHER (CHÁ) DE BICARBONATO DE SÓDIO
2 COLHERES (CHÁ) DE CREMOR DE TÁRTARO OU FERMENTO EM PÓ
1 COLHER (CHÁ) DE SAL MARINHO
120 G DE MANTEIGA GELADA EM CUBOS
20 G DE AÇÚCAR
2 OVOS CAIPIRAS, 1 BATIDO E 1 MISTURADO COM
    1 COLHER (SOPA) DE LEITE
270 ML DE LEITE
8 FATIAS BEM FINAS DE PANCETTA
AZEITE PARA FRITAR
24 OVOS DE CODORNA
1/3 DE XÍCARA (80 ML) DE MAIONESE OU MOLHO HOLANDÊS
TABASCO OU OUTRO MOLHO PICANTE, A GOSTO
SAL MARINHO E PIMENTA-DO-REINO MOÍDA NA HORA
FOLHAS DE TOMILHO PARA DECORAR

Rende 24 porções

Preaqueça o forno a 180 °C. Peneire a farinha, o bicarbonato de sódio, o cremor de tártaro e o sal numa tigela grande. Misture a manteiga com as pontas dos dedos, até que a mistura fique parecida com farelos de pão finos. Acrescente o açúcar e misture bem para incorporar.

Bata o ovo e o leite numa vasilha, então adicione à tigela e mexa. Transfira para uma superfície enfarinhada e sove delicadamente para formar uma massa leve. Com um rolo, abra a massa até ficar com cerca de 2 cm de espessura. Corte os *scones* com um cortador de biscoitos de 3 cm, depois junte as sobras e repita até que acabe a massa; o resultado serão 24 *scones*. Transfira para numa assadeira enfarinhada e pincele com a mistura de ovo e leite. Leve para assar por 10 a 12 minutos ou até dourar; a seguir, coloque sobre uma grade para esfriar.

Enquanto isso, aqueça o azeite numa frigideira e frite a pancetta por 5 minutos ou até que esteja crocante. Escorra sobre papel-toalha, secando o excesso de gordura. Rasgue em 24 pedaços do mesmo tamanho dos *scones* e reserve.

Coloque 2 colheres (sopa) de azeite numa frigideira (deve ser possível colocar cerca de oito ovos numa frigideira de tamanho padrão) e frite os ovos de codorna aos poucos, em fogo baixo, por cerca de 5 a 7 minutos, até que as claras estejam cozidas, mas as gemas ainda estejam brilhantes e moles (adicione mais azeite, se necessário). Transfira os ovos para um prato e então, se desejar, molde-os com o mesmo cortador redondo usado para os *scones*.

Tempere a maionese com um pouco de tabasco e reserve.

Com cuidado, corte a parte de cima de cada *scone* e descarte; depois coloque as bases numa travessa e cubra com a pancetta, um ovo frito e uma pequena porção da maionese temperada.

Sirva com uma pitada de sal e pimenta-do-reino; decore com o tomilho.

REFRESCO DE LIMÃO
da Madeleine

Esta é uma doce receita que recebi da minha assistente
Madeleine, que a herdou de sua avó. E uma maravilhosa
calda ácida e doce, que então é misturada à água com gás
— e talvez um pouco de vodca, se desejar.

Rende 1 litro

4 XÍCARAS (880 G) DE AÇÚCAR
RASPAS DE 5 LIMÕES SICILIANOS
CALDO DE 7 LIMÕES SICILIANOS (CERCA DE 2 XÍCARAS, OU 500 ML)
RODELAS DE LIMÃO SICILIANO E FOLHAS DE HORTELÃ, PARA DECORAR
ÁGUA COM GÁS E CUBOS DE GELO PARA SERVIR

Coloque o açúcar e 2 xícaras (500 ml) de água
numa panela média em fogo médio até que o açúcar
tenha dissolvido. Aumente o fogo e deixe ferver
por 15 minutos ou até formar uma calda fina.
Retire a panela do fogo, acrescente as raspas
e o caldo de limão e transfira para uma jarra.
Tampe e deixe descansar na geladeira por,
no mínimo, 5 horas.

Coe a calda, depois despeje em garrafas
ou vidros esterilizados (*ver p.11*),
colocando algumas rodelas de limão e um punhado
de folhas de hortelã em cada um, e armazene
na geladeira. Para servir, misture 1 parte
da calda com 5 partes de água com gás
e cubra com gelo.

ROLINHOS DE PORCO,
maçã e pistache

Quem não gosta de um enroladinho de massa folhada mergulhado em molho de tomate? Esta receita é perfeita para coquetéis, porque pode ser preparada com antecedência, e a mistura de maçã, pistache e carne de porco moída faz com que esses rolinhos sejam muito especiais. O melhor momento para servi-los é no final da noite, quando desaparecerão em segundos.

1 COLHER (SOPA) DE AZEITE
1 CEBOLA ROXA EM CUBINHOS
SAL MARINHO E PIMENTA-DO-REINO MOÍDA NA HORA
2 DENTES DE ALHO TRITURADOS
500 G DE CARNE DE PORCO MAGRA MOÍDA
100 G DE PISTACHES GROSSEIRAMENTE PICADOS
2 MAÇÃS VERDES DESCASCADAS, SEM MIOLO E RALADAS
2 COLHERES (SOPA) DE MOSTARDA À ANTIGA (EM GRÃOS)
1 COLHER (SOPA) DE VINAGRE DE MAÇÃ
1 COLHER (SOPA) DE SALSINHA LISA BEM PICADA
6 FOLHAS DE MASSA FOLHADA (APROXIMADAMENTE 25 CM X 25 CM)
1 OVO CAIPIRA MISTURADO COM 1 COLHER (SOPA) DE LEITE
1 PUNHADO PEQUENO DE SEMENTES DE PAPOULA OU GERGELIM PRETO

Rende aproximadamente 90 unidades

Preaqueça o forno a 200 °C.

Aqueça o azeite numa panela grande em fogo médio. Acrescente a cebola e uma pitada de sal e refogue por 5 minutos até que a cebola amoleça e fique translúcida. Adicione o alho e continue mexendo por mais 5 minutos. Retire a panela do fogo e deixe esfriar completamente.

Coloque a carne de porco numa tigela grande e acrescente o pistache, a maçã, a mostarda, o vinagre, a salsinha, a cebola e o alho já frios. Tempere com sal e uma boa quantidade de pimenta-do-reino e misture bem, com as mãos.

Corte uma folha de massa em três tiras de cerca de 8 cm de largura, depois corte cada tira em pedaços de 5 cm. Apoie um pedaço de massa sobre uma superfície de trabalho e coloque uma colher (chá) do recheio em uma ponta. Enrole sobre o recheio, depois sele com um pouco da mistura de ovo. Repita até usar todos os ingredientes: você deve obter cerca de 90 rolinhos.

Cubra generosamente cada rolinho com o restante da mistura de ovo e polvilhe as sementes de papoula ou gergelim.

Leve para assar por 30 minutos ou até ficarem dourados e crocantes. Sirva quente.

CAPÍTULO Nº 5 — *Jantar*

Em 2000, eu trabalhava como designer gráfica em Chicago, com um dos chefes mais legais que já tive (Oi, Curt!). Certa noite, era tarde e ainda estávamos trabalhando. Ele se ofereceu para pedir comida para nós na tentativa de aliviar sua culpa e me perguntou qual era meu prato favorito. Minha resposta — frango e batatas, ambos assados, com recheio e molho — foi, na verdade, uma referência à versão preparada por minha mãe, e fiquei perplexa quando o ouvi no telefone, segundos depois, ligando para todos os restaurantes delivery de Chicago, procurando algum que tivesse o prato! Ele não teve sorte, mas seu esforço me comoveu. Esta é minha versão, com um toque de limão, de meu prato preferido.

Frango ASSADO com molho cremoso de limão

- 1 FRANGO (1,5 KG) CAIPIRA (ORGÂNICO, SE POSSÍVEL)
- 3 COLHERADAS GENEROSAS DE MANTEIGA EM TEMPERATURA AMBIENTE
- SAL MARINHO E PIMENTA-DO-REINO MOÍDA NA HORA
- 4 LIMÕES SICILIANOS, CORTADOS AO MEIO OU EM QUATRO
- 2 PEDAÇOS DE LIMÃO SICILIANO EM CONSERVA
- 3 CABEÇAS DE ALHO, 1 SEPARADA EM DENTES, 2 CORTADAS AO MEIO NO SENTIDO DO COMPRIMENTO
- 4 RAMOS DE ALECRIM
- AZEITE OU ÓLEO VEGETAL PARA REGAR
- 2 XÍCARAS (500 ML) DE CALDO DE GALINHA
- 1 XÍCARA (250 ML) DE CREME DE LEITE
- CALDO DE 1/2 LIMÃO SICILIANO

Rende 4 porções

Preaqueça o forno a 180 °C.

Coloque o frango sobre uma superfície limpa e, com as mãos, solte cuidadosamente a pele do peito, criando um espaço entre ela e a carne.

Coloque delicadamente 2 colheradas de manteiga amolecida nesse espaço, esfregando na carne. Passe o restante da manteiga por toda a pele do frango. Tempere bem com sal e pimenta-do-reino e transfira para uma assadeira grande.

Coloque quatro metades ou quartos de limão na cavidade e também o limão em conserva, metade dos dentes de alho não descascados e um ou dois ramos de alecrim. Espalhe as sobras do limão, os dentes de alho com casca e as cabeças de alho cortadas ao meio em volta da ave e polvilhe as folhas de alecrim restantes. Tempere novamente com sal e pimenta-do-reino e regue com um pouco de azeite ou óleo vegetal.

Leve a assadeira ao forno para assar por 30 minutos. Com um pegador, esprema o caldo dos limões assados na fôrma sobre todo o frango. Deixe assar por mais 30 minutos ou até que o frango esteja cozido (para testar, fure a coxa com um espeto e pressione com uma colher: se os sucos que escorrerem estiverem translúcidos, o frango está pronto). Retire do forno, transfira a ave para uma travessa, cubra bem frouxo com papel-alumínio e deixe descansar por 10 minutos, enquanto prepara o molho.

Coloque a assadeira sobre uma boca do fogão, em fogo baixo, acrescente o caldo de galinha e deixe levantar fervura. Usando um batedor de arame, incorpore os sucos do assado ao caldo, raspando todos os pedaços presos no fundo da assadeira (isso vai dar bastante sabor ao molho). Mexendo sempre, adicione o creme de leite e o caldo de limão, e tempere a gosto com sal e pimenta-do-reino. Se preferir um molho sedoso e homogêneo, passe por uma peneira fina. Sirva bem quente, regando o frango já cortado em pedaços.

Torta de carne e CERVEJA preta

Seria um sacrilégio para qualquer irlandês escrever um livro de receitas e não incluir um prato com Guinness como ingrediente. Embora eu não goste dessa cerveja para beber, adoro usá-la para preparar uma saborosa torta de carne e legumes. Também é ótima para preparar bolo de chocolate — mas essa é uma receita para outro livro...

750 G DE ACÉM CORTADO EM CUBOS PEQUENOS
2 COLHERES (CHÁ) BEM CHEIAS DE FARINHA DE TRIGO
2 COLHERES (SOPA) DE AZEITE
1 CEBOLA PICADA
4 DENTES DE ALHO AMASSADOS
1 CENOURA CORTADA EM CUBOS
2 TALOS DE SALSÃO CORTADOS EM CUBOS
1½ XÍCARA (375 ML) DE CALDO DE CARNE
3 XÍCARAS (750 ML) DE CERVEJA PRETA
1 LATA (400 G) DE TOMATES SEM PELE TRITURADOS
4½ COLHERES (SOPA) DE MOLHO INGLÊS
1½ COLHER (SOPA) DE KETCHUP
1 PUNHADO PEQUENO DE CADA UM DOS SEGUINTE ITENS:
    FOLHAS DE ALECRIM, TOMILHO E SALSINHA LISA, BEM PICADAS
SAL MARINHO E PIMENTA-DO-REINO MOÍDA NA HORA
1 FOLHA DE MASSA FOLHADA
1 OVO CAIPIRA MISTURADO COM UM POUCO DE LEITE

Rende 4 a 6 porções

Misture os cubos de carne com a farinha.

Em fogo médio, aqueça 1 colher (sopa) de azeite numa panela grande de fundo reforçado. Em pequenas porções, frite a carne de todos os lados até dourar levemente, adicionando mais azeite à panela, se necessário. Transfira para um prato com papel-toalha. Repita o procedimento.

Adicione o restante do azeite à panela e refogue a cebola e o alho por alguns minutos, até amolecer. Junte a cenoura e o salsão, baixe o fogo para médio-baixo e refogue por 5 a 6 minutos. Volte a carne à panela, acrescente o caldo, a cerveja, o tomate, o molho inglês, o ketchup e as ervas picadas e misture, usando uma colher de pau para raspar pedaços presos no fundo da panela. Tempere a gosto. Quando ferver, abaixe o fogo e, sem tampar, deixe cozinhar por 1 hora ou até que a carne fique macia e o molho tenha engrossado, mexendo ocasionalmente e removendo qualquer gordura que fique na superfície.

Retire a panela do fogo e, usando uma colher, transfira o conteúdo para uma fôrma de torta de 18 cm e deixe esfriar completamente.

Preaqueça o forno a 180 °C. Pincele as beiradas da fôrma com água e, delicadamente, cubra com uma folha de massa, pressionando as bordas para selar (você pode torcer a massa para dar um toque decorativo, se desejar). Pincele a massa generosamente com a mistura de ovo, leve ao forno para assar por 30 a 40 minutos ou até crescer e dourar.

Sirva bem quente.

PORCO ASSADO com recheio de maçã, damasco e pistache

Para mim, o melhor da carne de porco assada é a pele, e conseguir uma pele realmente crocante depende de duas coisas. Passe papel-toalha em toda a carne para tirar a umidade e garantir que fique o mais seca possível. Faça incisões na pele, mas não corte até atingir a carne; pare quando chegar à camada de gordura (alguns dizem que não se deve cortar tão profundamente, mas funciona para mim). Por último, esfregue as fendas com sal e não regue a pele com azeite antes de levar ao forno.

2 KG DE LOMBO DE PORCO COM A PELE INTACTA
SAL MARINHO

Recheio de maçã, damasco e pistache
1 COLHER (SOPA) DE AZEITE
1 CEBOLA PICADA
3 DENTES DE ALHO AMASSADOS
250 G DE DAMASCOS SECOS PICADOS GROSSEIRAMENTE
3 MAÇÃS VERDES DESCASCADAS, SEM MIOLO E RALADAS
1 XÍCARA (140 G) DE PISTACHES SEM CASCA PICADOS GROSSEIRAMENTE
1 PUNHADO DE CADA UM DOS SEGUINTES ITENS BEM PICADOS:
FOLHAS DE SALSINHA LISA, TOMILHO E SÁLVIA
4 XÍCARAS (280 G) DE PÃO AMANHECIDO RALADO OU FARINHA DE ROSCA
50 G DE MANTEIGA DERRETIDA
SAL MARINHO E PIMENTA-DO-REINO MOÍDA NA HORA
6 A 8 MAÇÃS Fuji PEQUENAS

Rende 6 a 8 porções

Preaqueça o forno a 240 °C.

Para preparar o recheio, aqueça o azeite numa panela grande em fogo médio, acrescente a cebola e o alho e refogue por 5 a 7 minutos ou até amolecerem. Retire do fogo e deixe esfriar.

Coloque o damasco, a maçã, o pistache, as ervas, o pão ralado ou a farinha de rosca e a manteiga derretida numa tigela, acrescente a mistura de cebola e alho frios e misture. Tempere bem com sal e pimenta-do-reino.

Coloque a carne de porco sobre uma superfície limpa, com a pele para cima, e seque com papel-toalha. Com uma faca pequena, bem afiada, faça incisões transversais com intervalos de 1 cm. Polvilhe um punhado generoso de sal marinho sobre a pele, pressionando-o e espalhando-o bem nas áreas cortadas. Vire a carne para cima.

Coloque punhados de recheio na carne, pressionando à medida que você for adicionando, e recheie o máximo possível; então enrole a carne cuidadosamente em volta dele. Prenda com um pedaço de barbante e coloque numa assadeira, com a parte da emenda para baixo. Se tiver um termômetro de carne, insira na parte mais grossa do porco.

Leve para assar por 30 minutos, depois baixe a temperatura do forno para 180 °C. Deixe assar por mais 30 minutos. Disponha as maçãs ao redor da carne na assadeira e deixe assar por outros 30 minutos ou mais, até que o porco esteja totalmente assado e as maçãs macias (a carne estará cozida se os sucos liberados estiverem translúcidos quando a parte mais grossa for perfurada com um espeto, ou quando a temperatura interna for de 73 °C). Reserve por 20 minutos para descansar antes de cortar e servir.

Torta de peixe da Katie com cobertura de BACON CROCANTE e alho-poró

Esta torta deliciosa dá um pouco de trabalho, mas é uma boa opção para um jantar especial, pois você pode terminar todo o preparo pela manhã (ou até mesmo na noite anterior) e manter a torta montada na geladeira até o momento de levar ao forno. A cobertura de bacon, alho-poró e alcaparras acrescenta um toque crocante, mas você pode deixá-la de fora se estiver sem tempo. Para um sabor mais intenso, sirva acompanhada de um bom queijo parmesão, ralado na hora.

2 XÍCARAS (500 ML) DE LEITE
1/2 COLHER (CHÁ) DE PIMENTA-DO-REINO EM GRÃOS
2 FOLHAS DE LOURO
800 G DE FILÉS DE PEIXE BRANCO FIRME, SEM PELE E SEM ESPINHAS
250 G DE FILÉS DE HADOQUE DEFUMADO, SEM PELE E SEM ESPINHAS
SAL MARINHO E PIMENTA-DO-REINO MOÍDA NA HORA
2 COLHERES (SOPA) DE AZEITE
1 CEBOLA PICADA
1 TALO GRANDE DE ALHO-PORÓ, APENAS A PARTE BRANCA, APARADO, LAVADO E EM FATIAS FINAS
2 TALOS DE SALSÃO EM FATIAS FINAS
3 CEBOLINHAS COM AS PONTAS APARADAS E PICADAS BEM FININHO
COLHERADAS DE MANTEIGA EM TEMPERATURA AMBIENTE
CEBOLINHA PICADA E LIMÃO SICILIANO, PARA SERVIR

Purê de batata

6 A 8 BATATAS INGLESAS GRANDES CORTADAS EM PEDAÇOS
1 COLHER (CHÁ) DE SAL
1 COLHERADA DE MANTEIGA
3 COLHERES (SOPA) DE LEITE
3 COLHERES (SOPA) DE CREME DE LEITE FRESCO
SAL MARINHO E PIMENTA-DO-REINO BRANCA MOÍDA

Cobertura de bacon e alho-poró

ÓLEO DE CANOLA OU VEGETAL PARA FRITAR
1 TALO PEQUENO DE ALHO-PORÓ, APENAS A PARTE BRANCA, APARADO, LAVADO E EM FATIAS FINAS
2 CEBOLINHAS EM FATIAS FINAS
1 COLHER (SOPA) DE ALCAPARRAS SALGADAS LAVADAS
6 FATIAS DE BACON, GORDURA E PELE REMOVIDAS, CORTADAS EM CUBINHOS

Molho branco

300 ML DE CREME DE LEITE FRESCO
1 COLHER (CHÁ) DE SALSINHA LISA BEM PICADA
1 COLHER (CHÁ) DE ENDRO BEM PICADO
1 COLHER (CHÁ) DE ESTRAGÃO BEM PICADO
RASPAS DE 1 LIMÃO SICILIANO
1 PITADA DE NOZ-MOSCADA MOÍDA NA HORA
20 G DE MANTEIGA
SAL MARINHO E PIMENTA-DO-REINO MOÍDA NA HORA

Rende 6 a 8 porções

Método de preparo na próxima página...

Torta de peixe da *Katie* com cobertura de BACON CROCANTE e alho-poró *continuação...*

Preaqueça o forno a 180 °C.

Encha uma panela grande até a metade com água fria e coloque as batatas e o sal. Leve ao fogo até ferver, baixe a temperatura e deixe cozinhar em fogo brando por 20 minutos ou até que as batatas estejam cozidas. Escorra, adicione a manteiga, o leite, o creme de leite, e tempere com sal e pimenta-do-reino a gosto. Amasse bem e reserve.

> Enquanto isso, coloque o leite, os grãos de pimenta-do-reino e as folhas de louro numa panela grande, leve ao fogo até ferver e deixe cozinhar em fogo brando por 5 minutos. Acrescente os filés de peixe e cozinhe em fogo brando por 10 minutos. Com uma colher, tire qualquer gordura que se formar na superfície. Transfira o peixe com uma escumadeira (reserve o leite) para uma tábua. Quando estiver frio o bastante para ser manuseado, desfie-o numa tigela, tempere com pimenta-do-reino e uma pitada de sal e reserve.

Aqueça o azeite numa panela grande de fundo espesso, acrescente a cebola e uma pitada de sal e refogue em fogo médio por 5 minutos, até amolecer. Acrescente o alho-poró, o salsão e a cebolinha e refogue por 5 a 6 minutos em fogo baixo ou até que os vegetais estejam tenros. Transfira a mistura para um refratário com capacidade para 1,5 litro (eu uso um de cerâmica para torta de 35 cm x 26 cm) e espalhe uniformemente. Coloque o peixe desfiado por cima.

> Para preparar o molho branco, coe a mistura de leite reservada sobre uma panela pequena, adicione o creme de leite, as ervas, as raspas de limão, a noz-moscada e a manteiga, e tempere a gosto com sal e pimenta-do-reino. Aqueça em fogo baixo, mexendo até que a manteiga derreta, então regue o molho uniformemente sobre o peixe no refratário.

> Coloque o purê de batatas em um saco de confeiteiro equipado com um bico de 2 cm. Pressione sobre o recheio da torta (você também pode usar uma colher para espalhar o purê por igual sobre o recheio e nivelar com um garfo). Cubra com pedaços de manteiga, leve ao forno e deixe assar por 45 minutos.

Enquanto isso, para preparar a cobertura, despeje o óleo de canola ou vegetal numa panelinha de fundo reforçado até atingir 2,5 cm de profundidade e aqueça em fogo médio. Acrescente o alho-poró, a cebolinha e as alcaparras e frite por 5 minutos, até ficar crocante. Retire com uma escumadeira e escorra sobre papel-toalha. Aqueça novamente o óleo, adicione o bacon e frite até ficar crocante. Retire e escorra sobre papel-toalha, pressionando para remover o excesso de óleo.

> Retire a torta do forno depois de 45 minutos e polvilhe a cobertura crocante; a seguir, leve de volta ao forno por mais 2 a 3 minutos. Sirva acompanhada de cebolinha picada e limão siciliano.

Fettuccine com CAMARÃO, creme de leite e tomate SECO

Conheci meu marido, Mick, no final de 2000. Ele morava em Dublin e era amigo de um grande amigo meu, Cillian. Eu estava solteira, e Cillian sempre brincava: "Katie, você vai AMAR o Mick australiano!". Encurtando a história, eu realmente "AMEI o Mick australiano!" e, depois de cinco anos juntos, nos casamos em uma pequena cerimônia, com vista para a baía de Sydney, cercados por nossos amigos mais próximos. Uma das coisas que adoro em Mick é seu amor pela culinária. Assim que o conheci, ele começou a preparar pratos incríveis para mim em sua casa em Dublin. Este foi o primeiríssimo prato que ele fez — e ainda faz — para mim. Em vez de camarões, você pode usar dois filés de peito de frango (200 g cada um), se preferir.

- 3 COLHERES (SOPA) DE AZEITE
- 3 DENTES DE ALHO AMASSADOS
- 750 G DE CAMARÕES GRANDES CRUS, DESCASCADOS E LIMPOS
- 2 A 3 CEBOLINHAS APARADAS E PICADAS MIUDINHO
- 2 COLHERES (SOPA) DE MANJERICÃO RASGADO E UM POUCO MAIS PARA DECORAR
- 1/2 XÍCARA (75 G) DE TOMATES SECOS ESCORRIDOS, CORTADOS EM TIRAS
- 1 PITADA DE PIMENTA-DO-REINO BRANCA MOÍDA
- 1 XÍCARA (250 ML) DE CALDO DE GALINHA
- 3/4 DE XÍCARA (180 ML) DE VERMUTE SECO
- 1 XÍCARA (250 ML) DE CREME DE LEITE FRESCO
- 1/2 XÍCARA (40 G) DE PARMESÃO RALADO E UM POUCO MAIS PARA SERVIR
- 320 G DE FETTUCCINE
- PIMENTA-DO-REINO MOÍDA NA HORA
- PÃO TIPO ITALIANO PARA ACOMPANHAR

Rende 4 porções

Aqueça o azeite numa frigideira grande em fogo baixo e salteie o alho até amolecer, sem dourar. Adicione os camarões e refogue por alguns minutos, mexendo sempre, até que estejam opacos. Retire da panela e deixe esfriar, depois corte cada um em três partes.

Coloque a cebolinha, o manjericão, os tomates secos, a pimenta-do-reino, o caldo de galinha, o vermute e o creme de leite na frigideira, e deixe cozinhar em fogo médio-alto por 20 minutos ou até que o molho tenha reduzido à metade. Acrescente o parmesão e cozinhe por mais 1 a 2 minutos, até derreter e incorporar.

Coloque os camarões de volta no molho e aqueça. Mantenha aquecido.

Enquanto isso, cozinhe o fettuccine numa panela grande com água salgada fervente por 10 a 12 minutos ou até ficar al dente. Escorra bem.

Para servir, junte a massa ao molho e misture com dois garfos. Decore com mais parmesão, manjericão e um pouco de pimenta-do-reino moída na hora. Sirva com pão tipo italiano.

Hambúrgueres AUSTRALIANOS *picantes*

Posso atestar com segurança que estes hambúrgueres são surpreendentemente bons — alguns amigos agradecidos já me disseram que são os melhores que já comeram (uhu!). Gosto de usar um cortador redondo de 10 cm para fazer hambúrgueres de tamanho uniforme — pressiono a carne firme no cortador para moldar, depois retiro os discos como descrito abaixo. Você pode prepará-los na noite anterior e mantê-los na geladeira até usar. O ovo frito é opcional, mas bastante comum na Austrália!

6 PÃES DE HAMBÚRGUER CORTADOS AO MEIO E LEVEMENTE TORRADOS
1 PÉ DE ALFACE, COM AS FOLHAS LAVADAS E SECAS
2 A 3 TOMATES GRANDES, EM RODELAS
RELISH BALSÂMICO DE BETERRABA (OPCIONAL, *VER P. 220*)
RELISH DE TOMATE PICANTE (OPCIONAL, *VER P. 228*) E ANÉIS DE CEBOLA ASSADOS COM TOMILHO (OPCIONAL, *VER P. 223*), PARA ACOMPANHAR
6 OVOS CAIPIRAS FRITOS (OPCIONAL)

Hambúrguer
1 KG DE CARNE BOVINA MAGRA
1 CEBOLA GRANDE PICADINHA
1 COLHER (CHÁ) DE PIMENTA CALABRESA
2 COLHERES (SOPA) DE MOLHO INGLÊS
1 COLHER (CHÁ) DE MOSTARDA INGLESA PICANTE
1 COLHER (SOPA) DE MOSTARDA À ANTIGA
1 COLHER (SOPA) DE MOSTARDA DE DIJON
1 PUNHADO PEQUENO DE FOLHAS DE SALSINHA LISA BEM PICADAS
SAL MARINHO E PIMENTA-DO-REINO MOÍDA NA HORA

Para preparar a carne, coloque todos os ingredientes numa tigela grande e misture bem, com as mãos limpas. Molde a mistura formando seis hambúrgueres, e vá colocando num prato forrado com papel-toalha. Cubra com filme e leve à geladeira até a hora de prepará-los.

Preaqueça uma churrasqueira ou frigideira-grelha e grelhe os hambúrgueres até dourar por fora e cozinhar ao ponto desejado — eu prefiro ao ponto para malpassado.

Sirva em pãezinhos levemente torrados, com alface e tomate. Se quiser, você pode acrescentar *relish* de beterraba, *relish* de tomate picante e anéis de cebola assados, e finalizar com um ovo frito.

Rende 6 porções

Minha sogra, Sheila Davies, é uma mulher maravilhosa e eu a adoro. Ela e meu sogro, Bob, me receberam de braços abertos em sua casa e em sua família. Mick e eu costumamos ficar com eles em Mount Martha, uma linda região à beira-mar, a cerca de uma hora de carro ao sul de Melbourne. É particularmente aconchegante nos meses de inverno, quando chegamos e encontramos uma incrível refeição caseira, várias garrafas de vinho tinto australiano e uma lareira crepitante esperando por nós. Este curry é um dos favoritos da Sheila.

JANTAR

N.º 147

Curry de carne retrô da Sheila {APROXIMADAMENTE 1974}

AZEITE PARA COZINHAR
500 G DE ACÉM OU MÚSCULO CORTADO EM CUBOS
3 CEBOLAS PICADINHAS
1 MAÇÃ FUJI GRANDE SEM CASCA, SEM MIOLO E CORTADA EM CUBINHOS
1 COLHER (SOPA) DE CURRY EM PÓ
2½ COLHERES (SOPA) DE FARINHA DE TRIGO
2½ XÍCARAS (625 ML) DE CALDO DE CARNE
SAL MARINHO E PIMENTA-DO-REINO MOÍDA NA HORA
1½ COLHER (SOPA) DE CHUTNEY E UM POUCO MAIS PARA SERVIR
⅓ DE XÍCARA (55 G) DE UVAS-PASSAS BRANCAS
1 LATA (400 G) DE TOMATES PELADOS TRITURADOS
½ LIMÃO SICILIANO
2 XÍCARAS (400 G) DE ARROZ BASMATI, BEM LAVADO EM ÁGUA CORRENTE FRIA E ESCORRIDO
ÁGUA FERVENTE
2 BANANAS EM RODELAS (OPCIONAL)
½ XÍCARA (70 G) DE AMENDOINS TORRADOS
1 PUNHADO PEQUENO DE FOLHAS DE COENTRO
PÃO INDIANO (PAPARI OU NAAN) E IOGURTE NATURAL PARA ACOMPANHAR

Rende 4 porções

Método de preparo na próxima página...

Curry de carne retrô da Sheila
(APROXIMADAMENTE 1974) continuação...

Preaqueça o forno a 180 °C.

Aqueça 1½ colher (sopa) de azeite numa frigideira grande de fundo reforçado, em fogo médio; adicione a metade da carne e frite por 6 a 8 minutos até dourar. Retire e escorra sobre papel-toalha. Aqueça mais 1½ colher (sopa) de azeite na panela e repita com o restante da carne. Transfira a carne escorrida para uma caçarola.

Aqueça 1 colher (sopa) de azeite na frigideira, adicione ⅔ da cebola e toda a maçã e refogue por 5 minutos ou até amolecer levemente. Acrescente à carne.

Coloque o curry na frigideira e frite por 4 a 5 minutos (adicione um pouco mais de azeite, se necessário). Acrescente a farinha e refogue por mais 2 a 3 minutos. Aos poucos, adicione o caldo de carne, mexendo sempre, para evitar a formação de grumos, e então leve ao fogo; quando ferver, deixe cozinhar por 2 a 3 minutos. Tempere com sal e pimenta-do-reino, acrescente o chutney, as uvas-passas, o tomate e um pouco de caldo de limão, depois despeje sobre a carne. Tampe e leve ao forno para assar por 1 hora 30 minutos ou até que a carne esteja tenra e o molho tenha engrossado levemente.

Enquanto isso, aqueça 1 colher (sopa) de azeite numa panela média em fogo médio, acrescente o restante da cebola e refogue por 5 minutos até amolecer. Acrescente o arroz e mexa, depois tempere bem com sal e pimenta-do-reino. Refogue por 1 minuto, mexendo sempre, então coloque água fervente o bastante para ficar 2 cm acima do arroz. Baixe o fogo ao máximo, tampe a panela e deixe cozinhar por 10 minutos (não mexa o arroz!); desligue o fogo e deixe o arroz descansar, tampado, por 5 minutos. Verifique se o arroz está no ponto desejado — se precisar de mais tempo, tampe novamente e deixe por mais 5 minutos (talvez seja necessário adicionar um pouco de água fervente, se estiver muito seco). Depois de cozido, separe o arroz com um garfo.

Sirva o curry sobre o arroz, com uma banana em rodelas por cima, amendoins e coentro. Acompanhe com chutney, pão indiano e iogurte natural.

#Ravióli de abóbora com *molho* de MANTEIGA e *nozes-pecãs*

Preparar a própria massa exige um pouco de esforço e trabalho manual, mas os resultados valem a pena. Máquinas para preparar massas são fáceis de encontrar e com preços muito razoáveis, e quando começar a fazer massas frescas, você vai ficar viciado!

Esta é minha combinação de sabores favorita em se tratando de ravióli: abóbora assada adocicada, acompanhada de bastante sálvia fresca e servida com um molho amendoado de manteiga, de sabor intenso. Este é um prato soberbo para servir em um jantar especial. O recheio pode ser preparado na noite anterior e armazenado na geladeira, coberto, até a hora de usar. Você pode até montar os ravióli 1 ou 2 horas antes de cozinhar — basta mantê-los sobre uma travessa enfarinhada e polvilhar com uma boa quantidade de farinha para evitar que fiquem grudentos.

600 G DE FARINHA DE TRIGO
6 OVOS CAIPIRAS
ÓLEO DE CANOLA OU VEGETAL PARA FRITAR
1 PUNHADO GRANDE DE FOLHAS DE SÁLVIA
SÊMOLA PARA POLVILHAR
250 G DE MANTEIGA

Recheio de abóbora

$1/2$ XÍCARA (60 G) DE NOZES-PECÃS
500 G DE ABÓBORA, SEM SEMENTES E CORTADA EM CUBOS
4 DENTES DE ALHO COM CASCA
AZEITE PARA REGAR
SAL MARINHO E PIMENTA-DO-REINO MOÍDA NA HORA
8 A 10 FOLHAS DE SÁLVIA
150 G DE QUEIJO DE CABRA MACIO
1 FATIA DE PÃO BRANCO, BATIDA NUM PROCESSADOR DE ALIMENTOS PARA FAZER FARINHA DE ROSCA
1 OVO CAIPIRA
$1/2$ COLHER (CHÁ) DE NOZ-MOSCADA RALADA NA HORA
50 G DE PECORINO RALADO

Rende 4 a 6 porções (aproximadamente 20 unidades)

Método de preparo na próxima página . . .

Ravióli de abóbora com molho de MANTEIGA e nozes-pecãs continuação...

Preaqueça o forno a 180 °C.

Para fazer o recheio, espalhe as nozes-pecãs numa assadeira e leve para assar por 10 minutos, virando na metade do tempo, depois reserve.

Enquanto isso, coloque a abóbora e o alho numa assadeira. Regue com azeite e polvilhe com sal e pimenta-do-reino, então cubra com folhas de sálvia. Leve para assar por 35 a 40 minutos, até que a abóbora esteja tenra. Quando estiver fria o bastante para ser manuseada, descasque a abóbora e coloque em um processador. Esprema o alho tostado e junte com a abóbora. Acrescente também o queijo de cabra, metade das nozes-pecãs tostadas (reserve o restante para decorar), a farinha de rosca, o ovo, a noz-moscada, o pecorino, e sal e pimenta-do-reino a gosto. Bata até obter uma mistura homogênea. Transfira para uma tigela, cubra e leve à geladeira até usar.

Peneire a farinha sobre uma superfície grande e limpa e faça um buraco no centro. Quebre os ovos ali e bata delicadamente com um garfo, apenas para quebrar as gemas. Com as mãos, misture os ovos e a farinha até formar uma massa. Sove por cerca de 10 minutos, corte em quatro porções iguais e embrulhe com filme. Leve à geladeira por 15 a 20 minutos.

Encha um quarto de uma panela pequena com óleo de canola ou vegetal e aqueça em fogo médio. Frite as folhas de sálvia em pequenas porções por 1 minuto ou até que fiquem crocantes (tome cuidado, pois as folhas vão se partir quando colocadas no óleo quente). Retire com uma escumadeira e escorra sobre papel-toalha.

Trabalhe uma porção de massa de cada vez e mantenha o restante coberto. Divida a porção em duas partes e abra cada pedaço na máquina de macarrão, começando pelo cilindro mais grosso até o mais fino, até chegar a duas folhas de massa finas como seda, e vá polvilhando sempre com farinha para evitar que grudem. Coloque cada pedaço numa superfície enfarinhada com sêmola e cubra com um pano de prato limpo, depois repita com as demais porções até obter oito folhas.

Corte uma delas em faixas de 10 cm. Coloque pequenas colheradas (chá) de recheio de abóbora em metade dos quadrados e pincele as beiradas com água. Cubra com outro quadrado e, usando a borda de um copo de cerca de 7 cm de diâmetro, pressione levemente para selar o recheio e remover bolhas de ar. Usando um cortador de massas redondo, apenas um pouco maior que o copo (eu uso um cortador de biscoitos ondulado), corte cada um e polvilhe com farinha. Repita com as outras folhas até obter vinte raviólis (você terá utilizado toda a massa e metade do recheio — congele as sobras para outra ocasião num recipiente com fecho hermético) e deixe numa travessa polvilhada com sêmola até usar.

Leve uma panela grande com água ao fogo e adicione 1 colher (chá) de sal e uma boa quantidade de óleo. Cozinhe o ravióli por 5 a 6 minutos ou até ficar tenro.

Enquanto isso, derreta a manteiga numa panela pequena em fogo baixo, até ficar com uma cor amendoada.

Divida o ravióli entre os pratos e cubra com o restante das nozes-pecãs, folhas de sálvia fritas e 1 ou 2 colheres de manteiga.

Macarrão cremoso assado com salame e PIMENTA

Esta é uma opção fantástica para um jantar simples, especialmente nos meses de inverno, quando você anseia por uma comida caseira para esquentar. Não se intimide ao espalhar o queijo ralado sobre o prato antes de assar — bastante queijo proporciona uma cobertura fantástica, dourada e firme. Nham!

250 G DE TOMATES-CEREJA CORTADOS AO MEIO
AZEITE PARA COZINHAR
SAL MARINHO E PIMENTA-DO-REINO MOÍDA NA HORA
500 G DE MACARRÃO DO TIPO CARACOL
250 G DE SALAME CORTADO EM PEDAÇOS PEQUENOS
60 G DE MANTEIGA
$1/2$ XÍCARA (50 G) DE FARINHA DE TRIGO
1 LITRO DE LEITE
1 PUNHADO GRANDE DE QUEIJO PARMESÃO RALADO E UM POUCO MAIS PARA POLVILHAR
1 PUNHADO GRANDE DE QUEIJO PECORINO RALADO E UM POUCO MAIS PARA POLVILHAR
1 PITADA GRANDE DE NOZ-MOSCADA RALADA NA HORA
$1/2$ OU 1 COLHER (CHÁ) DE PIMENTA CALABRESA (A GOSTO)
3 COLHERES (SOPA) DE CREME DE LEITE
1 COLHER (CHÁ) DE AZEITE TRUFADO BRANCO (OPCIONAL)
$1/3$ DE XÍCARA (80 ML) DE VINHO BRANCO
1 PUNHADO DE FOLHAS DE MANJERICÃO, RASGADAS
PÃO E SALADA VERDE PARA ACOMPANHAR

Rende 6 porções

Preaqueça o forno a 160 °C.

Coloque os tomates-cereja numa assadeira, com a parte cortada voltada para cima. Regue com um pouco de azeite e tempere com sal e pimenta-do-reino, depois leve para assar por 30 a 40 minutos. Retire do forno e reserve, então aumente a temperatura para 180 °C.

Encha uma panela grande com água salgada até a metade, adicione um pouco de azeite e deixe ferver em fogo alto. Acrescente o macarrão e deixe cozinhar por 8 minutos ou até ficar al dente (a massa continuará cozinhando no forno, por isso não cozinhe demais nesse estágio). Escorra, lave em água fria e transfira para uma caçarola grande de fundo reforçado (ou para quatro tigelinhas refratárias individuais). Acrescente outra porção de azeite e misture bem. Adicione o salame e os tomates assados. Misture novamente, tempere com um pouco de sal, bastante pimenta-do-reino e reserve.

Derreta a manteiga numa panela média em fogo médio. Adicione a farinha e misture com um batedor de arame até ficar homogênea, então cozinhe por 2 minutos, mexendo sempre, com uma colher de pau. Baixe um pouco o fogo e, aos poucos, acrescente o leite, mexendo sempre, até que o molho engrosse e fique homogêneo e cremoso. Retire a panela do fogo. Acrescente o parmesão, o pecorino, a noz-moscada, pimenta calabresa, o creme de leite e o azeite trufado, se estiver usando, e tempere com um pouco mais de pimenta-do-reino. Misture bem, regue sobre o macarrão, junte com o vinho branco e misture bem. Acrescente as folhas de manjericão e polvilhe com uma generosa porção extra de parmesão e pecorino.

Leve para assar por 30 a 40 minutos até começar a borbulhar, dourar e ficar crocante (se quiser, coloque os pratos sob a salamandra quente por 1 ou 2 minutos e a cobertura ficará ainda mais crocante).

Sirva bem quente com mais parmesão ralado, acompanhado de pãezinhos e salada verde.

WRAPS gourmet de frango com *maionese de chipotle*, VINAGRETE e salada

Adoro as regiões desérticas do Sudoeste dos Estados Unidos, e esta receita foi inspirada no período que passei ali, em 2011. Particularmente, amo a comida à moda mexicana do Novo México, e este prato (ilustrado na página anterior) é minha versão desses sabores estimulantes.

Aqui na Austrália, as pimentas chipotle em conserva podem ser encontradas na maioria das lojas de alimentos gourmet. Se não conseguir encontrar as pimentas inteiras, você deve conseguir o molho de chipotle, que pode ser usado para substituí-las. *Jalapeños* em conserva são vendidos em muitos supermercados.

2 FILÉS (200 G CADA UM) DE PEITO DE FRANGO CAIPIRA
RASPAS E CALDO DE 2 LIMÕES E UM POUCO MAIS DE LIMÃO PARA SERVIR
1 DENTE DE ALHO GRANDE, AMASSADO
1 COLHER (SOPA) DE AZEITE
1 PUNHADO GRANDE DE FOLHAS DE HORTELÃ PICADAS
SAL MARINHO E PIMENTA-DO-REINO MOÍDA NA HORA
1 PUNHADO GRANDE DE BROTOS DE ALFAFA
1 PUNHADO GRANDE DE FOLHAS DE RÚCULA CORTADAS EM TIRAS
1 PUNHADO DE FOLHAS DE COENTRO
8 TORTILHAS LEVEMENTE AQUECIDAS
2 ABACATES CORTADOS AO MEIO, SEM CAROÇO E FATIADOS

Maionese de pimenta chipotle

1 GEMA DE OVO CAIPIRA
1 COLHER (CHÁ) DE CALDO DE LIMÃO SICILIANO
SAL MARINHO E PIMENTA-DO-REINO MOÍDA NA HORA
1 XÍCARA (250 ML) DE AZEITE
2 A 3 PIMENTAS CHIPOTLE EM CONSERVA BEM PICADAS
2 COLHERES (CHÁ) DE *JALAPEÑOS* FATIADOS EM CONSERVA, BEM PICADOS

Vinagrete

4 TOMATES CORTADOS AO MEIO NO SENTIDO DO COMPRIMENTO, SEM SEMENTES E DEPOIS CADA METADE CORTADA EM QUATRO
1 CEBOLA ROXA DESCASCADA E CORTADA AO MEIO NO SENTIDO DO COMPRIMENTO, DEPOIS CORTADA EM QUATRO
1 PIMENTÃO VERDE COM AS PONTAS APARADAS SEM SEMENTES E PICADO GROSSO
SAL MARINHO E PIMENTA-DO-REINO MOÍDA NA HORA
1 1/2 COLHER (SOPA) DE VINAGRE DE XEREZ
2 COLHERES (SOPA) DE AZEITE EXTRAVIRGEM

Você pode preparar a maionese de chipotle à mão ou com um liquidificador. Nesse caso, coloque todos os ingredientes no copo e bata até que a mistura fique espessa e sedosa. Tampe e leve à geladeira até a hora de usar.

Se for preparar à mão, coloque a tigela sobre um pano limpo (isso a manterá no lugar). Acrescente a gema, o caldo de limão, o sal e a pimenta-do-reino e bata bem com um batedor de arame. Adicione o azeite em um fio bem fino e constante, batendo sem parar até que o óleo tenha sido incorporado e a maionese esteja espessa e brilhante. Verifique o tempero e acrescente a pimenta chipotle e o *jalapeño*. Tampe e leve à geladeira até a hora de usar.

Coloque o peito de frango sobre um pedaço de filme aberto sobre a superfície de trabalho. Cubra com outro pedaço de filme e, com um rolo de macarrão ou um martelo para carne, bata delicadamente até ficar com 1 cm de espessura. Apare qualquer pedaço desigual para uniformizar e retire os pedaços de gordura. Descarte o filme e coloque o frango num recipiente refratário raso.

Junte as raspas e o caldo de limão, o alho, o azeite, metade da hortelã, o sal e a pimenta-do-reino numa tigelinha e misture. Despeje a marinada sobre o frango, cubra com filme e leve à geladeira por 30 minutos a 1 hora.

Para preparar o vinagrete, coloque o tomate, a cebola e o pimentão numa tigela, tempere com sal e pimenta-do-reino e regue com o vinagre de xerez e azeite extravirgem. Misture delicadamente.

Aqueça uma frigideira tipo grelha em fogo baixo, acrescente o frango e a marinada e deixe grelhar 5 a 7 minutos. Vire o frango e grelhe por mais 5 a 7 minutos, até que a marinada esteja borbulhando e a carne esteja completamente cozida, mas ainda tenra. Retire e corte em tiras.

Enquanto o frango grelha, coloque os brotos de alfafa, a rúcula, o restante da hortelã e o coentro numa tigela.

Para montar, coloque a tortilha aquecida num prato e arrume uma faixa de salada a três quartos da borda. Cubra com uma ou duas colheres (sopa) de vinagrete, algumas tiras de frango, uma ou duas fatias de abacate e, finalmente, a maionese de chipotle. Dobre a parte de baixo da tortilha sobre o recheio, depois o lado esquerdo e, por último, o lado direito, criando um bolso de tortilha. Sirva imediatamente acompanhada de limão.

rende 4 *porções*

Madalena era um prato básico na cozinha de minha mãe; acho que era servida pelo menos uma vez por semana. É a minha comida caseira preferida. Muitos gostam de colocar cenoura em cubos na torta, mas minha mãe não colocava, e eu segui essa tradição. Nesta versão, adiciono ao purê alho assado, adocicado e muito saboroso, e queijo parmesão; se desejar, você pode também acrescentar um punhado generoso de cheddar ao purê, o que vai deixá-lo ainda mais intenso e delicioso.

Madalena com queijo e ALHO

rende 4 porções

- 1 COLHER (SOPA) DE AZEITE OU ÓLEO DE CANOLA
- 1 CEBOLA CORTADA EM CUBINHOS
- 3 DENTES DE ALHO GRANDES AMASSADOS
- 600 G DE CARNE BOVINA MAGRA MOÍDA
- 2 XÍCARAS (500 ML) DE CALDO DE CARNE OU GALINHA
- 1 1/2 COLHER (SOPA) DE EXTRATO DE TOMATE
- 1/3 DE XÍCARA (80 ML) DE MOLHO INGLÊS
- 1 1/2 COLHER (SOPA) DE KETCHUP
- 3 COLHERES (SOPA) DE MOLHO BARBECUE
- 1/2 COLHER (CHÁ) DE NOZ-MOSCADA RALADA NA HORA
- 4 RAMOS DE TOMILHO, SOMENTE AS FOLHAS, E MAIS ALGUNS PARA DECORAR
- SAL MARINHO E PIMENTA-DO-REINO MOÍDA NA HORA

Cobertura de purê com queijo e alho tostado

- 3 DENTES DE ALHO GRANDES COM CASCA
- SAL MARINHO E PIMENTA-DO-REINO BRANCA MOÍDA
- 5 BATATAS INGLESAS GRANDES, DESCASCADAS E CORTADAS AO MEIO
- 1/3 DE XÍCARA (80 ML) DE LEITE
- 2 COLHERES (SOPA) DE IOGURTE GREGO
- 50 G DE PARMESÃO BEM RALADO E UM POUCO MAIS PARA POLVILHAR

Para preparar a cobertura, preaqueça o forno a 180 °C. Coloque três dentes de alho inteiros numa assadeira e deixe por 30 minutos ou até amolecer. Retire e deixe esfriar, depois esprema a polpa e descarte a casca.

Enquanto o alho assa, encha metade de uma panela grande com água fria, tempere com uma boa pitada de sal e acrescente as batatas. Leve ao fogo alto até ferver, baixe a temperatura para média-alta e deixe no fogo até que as batatas estejam cozidas e macias na parte do meio quando testadas com uma faca. Isso é importante se você quer um purê realmente cremoso — se elas estiverem até mesmo um pouquinho firmes no centro, não será possível obter um resultado homogêneo, uma vez que haverá pedacinhos inteiros.

Escorra a água, coloque as batatas de volta na panela e amasse com um amassador. Passe por uma peneira fina ou pelo espremedor de batatas até que fique completamente homogênea. Adicione o leite, o iogurte, o parmesão e o alho assado frio e misture bem. Tempere generosamente com sal e pimenta-do-reino, e transfira para um saco de confeiteiro grande, montado com um bico de estrela (o que eu uso mede 1 cm); reserve até usar.

Enquanto isso, aqueça o óleo numa frigideira ou panela grande e funda, em fogo médio. Acrescente a cebola e refogue por 5 minutos, então adicione o alho e refogue por mais 5 a 7 minutos. Junte a carne moída e mexa bem, desfazendo qualquer grumo com as costas de uma colher de pau. Refogue até que a carne esteja dourada, acrescente o caldo, o extrato de tomate, o molho inglês, o ketchup, o molho barbecue, a noz-moscada e as folhas de tomilho e misture bem. Tempere com sal e pimenta-do-reino e cozinhe por 30 a 40 minutos, mexendo ocasionalmente, até engrossar. Coloque a mistura num recipiente refratário grande com capacidade para 1½ litro.

Com o saco de confeiteiro, coloque o purê de batatas sobre o recheio e polvilhe mais parmesão e pimenta-do-reino. Leve para assar por 40 a 50 minutos ou até que a superfície esteja dourada. Salpique um pouco mais de parmesão, se desejar, e decore com mais ramos de tomilho. Sirva quente.

1 XÍCARA (150 G) DE FARINHA DE TRIGO PENEIRADA
3 COLHERES (SOPA) DE PÁPRICA
SAL MARINHO E PIMENTA-DO-REINO MOÍDA NA HORA
2 FILÉS (200 G CADA UM) DE PEITO DE FRANGO CAIPIRA, CORTADOS EM PEDAÇOS PEQUENOS
50 G DE MANTEIGA DERRETIDA
FATIAS DE PIMENTA DEDO-DE-MOÇA VERDE, PARA DECORAR (OPCIONAL)

Molho de limão siciliano

1/3 DE XÍCARA (80 ML) DE SHOYU
3/4 DE XÍCARA (180 ML) DE CALDO DE LIMÃO SICILIANO
1/2 XÍCARA (125 ML) DE MOLHO ITALIANO PARA SALADA COMPRADO PRONTO
RASPAS DE 1 LIMÃO SICILIANO
2 DENTES DE ALHO GRANDES AMASSADOS
SAL MARINHO E PIMENTA-DO-REINO MOÍDA NA HORA

Arroz com ervas

1 COLHER (SOPA) DE AZEITE
1 CEBOLA PEQUENA PICADINHA
1 XÍCARA (200 G) DE ARROZ BASMATI LAVADO EM ÁGUA CORRENTE E ESCORRIDO
2 CEBOLINHAS COM AS PONTAS APARADAS E BEM PICADINHAS
1 PUNHADO PEQUENO DE FOLHAS DE SALSINHA LISA PICADINHAS
SAL MARINHO E PIMENTA-DO-REINO MOÍDA NA HORA

FRANGO ao molho de limão e arroz com ervas

Este é um excelente prato para um jantar de inverno em um dia de semana. É bem fácil de preparar, e você vai notar que deve ter a maioria dos ingredientes em sua despensa. Além disso, a base para o molho é um tempero pronto para salada, dando um toque ácido e refrescante ao prato e fazendo dele uma opção prática para quando você não tem muito tempo.

Rende 2 porções

Preaqueça o forno a uma temperatura de 180 °C.

Para preparar o molho de limão, junte todos os ingredientes e uma pitada de sal e pimenta-do-reino numa jarra e leve à geladeira por 30 minutos.

Misture a farinha, a páprica, o sal e a pimenta-do-reino numa tigela. Adicione os pedaços de frango à mistura de farinha e coloque tudo numa fôrma rasa. Pincele generosamente cada pedaço com manteiga derretida e leve ao forno para assar por 30 minutos a uma temperatura de 180 °C. Vire os pedaços e regue com o molho uniformemente, e deixe assar por mais 20 a 25 minutos ou até que o frango esteja completamente cozido, mas ainda tenro.

Enquanto isso, para preparar o arroz com ervas, aqueça o azeite numa panela em fogo médio, adicione a cebola e refogue por 5 minutos, até ficar tenra. Acrescente o arroz e misture bem. Refogue por 1 minuto, mexendo sempre, e regue com água fervente até cobrir o arroz em 2 cm. Baixe o fogo ao máximo, tampe a panela e deixe cozinhar por 10 a 12 minutos (não misture o arroz!), então desligue o fogo e deixe o arroz descansar, tampado, por 10 minutos. Depois de cozido, solte o arroz com um garfo. Acrescente a cebolinha e a salsinha e tempere generosamente com sal e pimenta-do-reino.

Coloque o arroz numa travessa, cubra com o frango e o molho que restou na panela, polvilhe a pimenta, se estiver usando, e sirva imediatamente.

O segredo para preparar um bom risoto é nunca deixar o arroz secar: ao cozinhar, permaneça mexendo e acrescentando caldo morno à panela. Muitas pessoas acreditam que não dá para servir risoto em um jantar com convidados, já que ele obrigaria você a ficar preso ao fogão, mas, na verdade, é possível utilizar risoto pré-cozido, usando cerca de dois terços do caldo (depois, retire do fogo, cubra e reserve, certificando-se de que colocou bastante líquido para evitar que ele resseque). Pouco antes de servir, leve a panela de volta ao fogo, acrescente as últimas colheres de caldo e adicione os cogumelos e a couve-manteiga.

RISOTO de cogumelo e bacon com ovo POCHÉ

1 1/4 LITRO DE CALDO DE GALINHA
2 COLHERES (SOPA) DE AZEITE
200 G DE COGUMELOS PORTOBELO, LIMPOS E CORTADOS EM QUATRO
SAL MARINHO E PIMENTA-DO-REINO MOÍDA NA HORA
50 G DE MANTEIGA
250 G DE BACON, GORDURA E PELE REMOVIDAS, CORTADO EM CUBINHOS
1 CEBOLA PICADINHA
1 1/2 XÍCARA (300 G) DE ARROZ ARBÓREO
1/3 DE XÍCARA (100 ML) DE VINHO BRANCO
1/2 MAÇO DE COUVE-MANTEIGA, SEM OS TALOS, COM AS FOLHAS LAVADAS E FATIADAS FINO
3 A 4 RAMOS DE TOMILHO, SOMENTE AS FOLHAS
150 G DE QUEIJO PARMESÃO (100 G RALADAS, 50 G EM LASCAS)
4 OVOS CAIPIRAS GRANDES
1 COLHER (SOPA) DE VINAGRE BRANCO

Rende 4 porções

Despeje o caldo de galinha numa panela grande e leve ao fogo até ferver. Baixe a temperatura ao máximo, tampe e mantenha o caldo aquecido até a hora de usar.

Aqueça 1 colher (sopa) de azeite numa panela grande de fundo espesso ou numa caçarola, acrescente os cogumelos e tempere com um pouco de sal. Refogue em fogo médio por 5 minutos, mexendo sempre. Acrescente cerca de 1 colher (chá) de manteiga, deixe derreter, coloque os cogumelos e mexa, antes de tirar da panela e reservar.

Aqueça o restante do azeite na mesma panela, acrescente o bacon e frite em fogo médio por 5 minutos, até ficar levemente crocante. Adicione a cebola e o restante da manteiga e refogue por 5 a 10 minutos ou até que esteja tenra. Coloque o arroz e mexa para cobrir bem com a mistura de bacon e cebola. Regue com o vinho e cozinhe em fogo brando, até que o líquido reduza um pouco.

Acrescente uma concha de caldo ao arroz e cozinhe, mexendo, até que tenha sido completamente absorvido. Continue adicionando caldo até que reste apenas uma concha na panela.

Junte os cogumelos, a couve, as folhas de tomilho e, finalmente, o restante do caldo. Mexa e tempere a gosto com sal e pimenta-do-reino. Nesse estágio, o risoto deve ter uma consistência bem cremosa. Quando o restante do caldo tiver sido absorvido, misture o parmesão, tampe e mantenha morno enquanto cozinha os ovos.

Quebre um ovo numa xícara. Encha uma panela média com água fria, leve ao fogo médio e deixe ferver, então, baixe a temperatura para que fique em ponto de fervura. Acrescente o vinagre branco. Usando o cabo de uma colher de pau, mexa o centro da água rapidamente para criar um miniredemoinho e coloque o ovo nele com cuidado. Depois que começar a adquirir a forma, empurre para o lado com uma escumadeira. Forme um pequeno redemoinho ao lado do primeiro ovo e coloque o segundo. Repita com os demais ovos e cozinhe por 2 a 3 minutos ou até que as claras estejam cozidas. Retire-os com uma escumadeira e escorra sobre papel-toalha.

Para servir, coloque o risoto em tigelas, cubra com um ovo e finalize com o parmesão em lascas.

Costelinha de PORCO com ginger ale

Rende 4 a 6 porções

Viscoso e doce, firme e crocante, suculento e picante. Eu já disse o suficiente sobre este prato, mas, sério, esteja preparado para quadruplicar a quantidade.

1 KG DE COSTELINHAS DE PORCO BABY
SAL MARINHO E PIMENTA-DO-REINO MOÍDA NA HORA
2 COLHERES (SOPA) DE VINAGRE BALSÂMICO
2 COLHERES (SOPA) DE AÇÚCAR MASCAVO
2 COLHERES (SOPA) DE SHOYU
2 COLHERES (SOPA) DE MOLHO INGLÊS
2 COLHERES (SOPA) DE MOLHO BARBECUE
1 PIMENTA DEDO-DE-MOÇA, SEM SEMENTES E BEM PICADA, E UM POUCO MAIS PARA SERVIR
3 XÍCARAS (750 ML) DE *GINGER ALE*
GERGELIM PARA SERVIR (OPCIONAL)

Leve uma panela grande de água ao fogo até ferver. Coloque a costelinha para cozinhar em fogo brando por 30 minutos, tirando a gordura da superfície de tempos em tempos.

Preaqueça o forno a 140 °C.

Com um pegador resistente, retire a costelinha da panela e transfira para uma assadeira grande. Tempere com sal e pimenta-do-reino.

Numa tigela, junte o vinagre balsâmico, o açúcar, o shoyu, o molho inglês, o molho barbecue, a pimenta e o *ginger ale*. Regue a mistura sobre a costelinha, leve para assar por 2 horas, regando sempre que possível. (Eu rego a cada 15 minutos; quanto mais vezes, mais saboroso. Depois de cerca de 1h30, o molho começará a engrossar, por isso será necessário um pouco mais de tempo para regar a carne — mas você será recompensado com lindas costelinhas, brilhantes e viscosas.)

Sirva com um pouco mais de pimenta, salpique sal marinho e, se desejar, polvilhe com gergelim.

Quando era criança, eu e meu pai costumávamos jantar na pizzaria do bairro. Ficávamos na porta esperando uma mesa, e eu gostava de observar com admiração como o pizzaiolo jogava os círculos de massa, fina e elástica, para o alto. Eu repetia mil vezes para meu pai: "Quando crescer vou ser pizzaiola!". Mesmo agora ainda posso sentir o cheiro dos aromas vivos daquele lugar onde, depois de devorar uma pizza, eu também consumia rapidamente um glorioso e ENORME sorvete (servido em uma taça que parecia mais alta do que eu na época). Meu amor por pizzas nunca diminuiu — desde que tenham massa fina, eu poderia viver me alimentando só delas. Esta receita e a da página seguinte são duas das minhas favoritas. Você pode dobrar ou triplicar a quantidade de ingredientes para a massa e, depois que ela crescer, divida em porções de tamanhos iguais e congele o excesso para usar em outra ocasião.

Pizza de labna, tomates semissecos e molho verde

3 COLHERES (SOPA) DE LABNA OU COALHADA SECA FIRME
3 COLHERES (SOPA) DE TOMATES SECOS ESCORRIDOS
1 PITADA DE PIMENTA CALABRESA
1/2 XÍCARA (125 ML) DE AZEITE EXTRAVIRGEM
FOLHAS DE HORTELÃ E MANJERICÃO PARA DECORAR
PIMENTA-DO-REINO MOÍDA NA HORA

massa para pizza
$1^{2}/_{3}$ DE XÍCARA (250 G) DE FARINHA DE TRIGO
1 PITADA DE AÇÚCAR
1 PITADA DE SAL
30 ML DE AZEITE
$1^{1}/_{4}$ DE COLHER (CHÁ) DE FERMENTO BIOLÓGICO SECO

Molho verde
2 DENTES DE ALHO PICADOS
3 COLHERES (SOPA) DE ALCAPARRAS SALGADAS LAVADAS
3 COLHERES (SOPA) DE PEPINOS EM CONSERVA PICADOS
1 PIMENTA DEDO-DE-MOÇA VERDE LONGA, SEM SEMENTES E BEM PICADA
1 PUNHADO GRANDE DE CADA UM DOS SEGUINTES ITENS: FOLHAS DE SALSINHA LISA, DE MANJERICÃO E DE HORTELÃ
2 ANCHOVAS BRANCAS ESCORRIDAS (OPCIONAL)
1/4 DE XÍCARA (40 G) DE PINOLI
2 COLHERES (SOPA) DE VINAGRE DE VINHO TINTO
1 COLHER (SOPA) DE MOSTARDA DE DIJON
1/2 XÍCARA (125 ML) DE AZEITE

Rende 2 pizzas de 28 cm

Para fazer a massa de pizza, peneire a farinha numa tigela grande. Faça uma cova no centro e acrescente os demais ingredientes, com 1/2 xícara (125 ml) de água. Misture delicadamente usando uma colher ou garfo, incorporando a farinha aos poucos. Com as mãos, forme a massa, depois transfira para uma superfície bem enfarinhada. Sove com força por 5 minutos, esticando a massa durante o processo. Coloque de volta na tigela, cubra com um pano de prato úmido limpo e reserve em local morno para crescer por 1 hora ou até dobrar de tamanho.

Coloque sobre uma superfície enfarinhada e corte ao meio. Abra cada pedaço em um círculo de cerca de 28 cm de diâmetro (esta massa é superelástica e geralmente muito fácil de trabalhar, por isso a pizza pode ficar bem fina). Transfira para assadeiras ou pedras para pizza untadas.

Preaqueça o forno a 200 °C. Para preparar o molho verde, bata todos os ingredientes num processador até formar uma pasta cremosa e espessa, depois espalhe 1 ou 2 colheres (sopa) sobre cada base para pizza.

Rasgue o labna ou espalhe a coalhada em colheradas sobre a massa, seguidas pelos tomates e a pimenta calabresa em flocos. Deixe assar por 15 a 20 minutos, até que a base esteja cozida e crocante.

Enquanto a pizza assa, misture 1/2 xícara (125 ml) de azeite extravirgem ao restante do molho verde para que fique mais ralo.

Retire do forno, espalhe as folhas de hortelã e manjericão e tempere com pimenta-do-reino. Regue com o restante do molho verde e sirva imediatamente.

2 COLHERES (CHÁ) DE SEMENTES DE MOSTARDA PRETA E BRANCA
1 DENTE DE ALHO GRANDE AMASSADO
2 RAMOS DE HORTELÃ, SOMENTE AS FOLHAS, BEM PICADAS
PIMENTA-DO-REINO MOÍDA NA HORA
1 COLHER (SOPA) DE MOSTARDA DE DIJON
150 G DE FILÉ DE CARNE MAGRA DE CORDEIRO
AZEITE PARA COZINHAR E REGAR
1 PORÇÃO DE MASSA PARA PIZZA (VER P. 172)
½ XÍCARA (100 G) DE QUEIJO FETA ESFARELADO
⅓ DE XÍCARA (25 G) DE AMÊNDOAS LAMINADAS
1 A 2 PIMENTAS DEDO-DE-MOÇA VERDES, LONGAS, SEM SEMENTES E FATIADAS
SAL MARINHO

Rende 2 pizzas de 28 cm

Molho de tomate
4 TOMATES CORTADOS AO MEIO NO SENTIDO DO COMPRIMENTO
1 DENTE DE ALHO GRANDE FATIADO FINO
1 A 2 COLHERES (SOPA) DE AÇÚCAR MASCAVO
AZEITE
SAL MARINHO E PIMENTA-DO-REINO MOÍDA NA HORA
1 LATA (400 G) DE TOMATES PELADOS PICADOS
1 PITADA PEQUENA DE AÇÚCAR
1 PUNHADO PEQUENO DE FOLHAS DE MANJERICÃO RASGADAS
SAL MARINHO E PIMENTA-DO-REINO MOÍDA NA HORA

Molho de iogurte
⅓ DE XÍCARA (95 G) DE IOGURTE GREGO
1 RAMO DE HORTELÃ, SOMENTE AS FOLHAS, BEM PICADAS
SAL MARINHO E PIMENTA-DO-REINO MOÍDA NA HORA

Pizza de carne de cordeiro PICANTE com MOLHO DE IOGURTE e hortelã

Preaqueça o forno a 180 °C.

Para preparar o molho de tomate, coloque numa assadeira as metades com o lado cortado para cima. Coloque uma fatia de alho e uma pitada de açúcar mascavo sobre cada uma, regue com azeite e tempere com sal e pimenta-do-reino. Leve ao forno para assar por 40 a 50 minutos ou até que os tomates estejam bem macios.

Transfira todo o conteúdo da assadeira para uma panela média e adicione os tomates em lata, o açúcar, as folhas de manjericão e 1 xícara (250 ml) de água fria. Deixe cozinhar em fogo brando por 40 minutos, retire do fogo e bata num liquidificador até obter uma mistura homogênea. Conserve na geladeira até a hora de usar.

Coloque as sementes de mostarda, o alho, a hortelã e 1 colher (chá) de pimenta-do-reino num recipiente pequeno com tampa. Feche e agite para misturar, então coloque numa travessa. Usando uma faca, espalhe a mostarda de Dijon por toda a superfície da carne, então passe no tempero, virando para empanar por igual.

Aqueça 1 colher (sopa) de azeite numa frigideira e sele o cordeiro em fogo médio até dourar. Retire da panela e deixe descansar por 10 minutos, antes de fatiar fino com uma faca bem afiada.

Enquanto isso, para preparar o molho de iogurte, misture todos os ingredientes e reserve.

Preaqueça o forno a 200 °C.

Com uma colher, coloque o molho de tomate sobre as massas de pizza (você vai precisar de cerca de 2 colheres para cada base), deixando uma borda de 2 cm em cada uma. Coloque as fatias de cordeiro sobre o molho e uma porção de queijo feta por cima. Polvilhe com as amêndoas laminadas e a pimenta, e tempere com um pouco de sal e uma quantidade generosa de pimenta-do-reino; finalize regando com azeite. Leve para assar por 15 a 20 minutos ou até que a massa esteja pronta e crocante.

Fatie e sirva com molho de iogurte e hortelã.

LASANHA de porco e vinho tinto do Mick

Vamos deixar as coisas bem claras aqui — esta era originalmente a MINHA lasanha, mas o Mick a preparou tantas vezes ao longo dos anos e a modificou tanto que, para ser justa, pensei que o mais certo era dar o crédito a ele. Ambos somos loucos por comida italiana. Na verdade, acho que é a minha comida favorita, e geralmente prefiro um restaurante italiano bom, aconchegante e familiar, a qualquer outro.

Algumas pessoas insistem que não dá para fazer uma lasanha autêntica sem cenouras, mas eu discordo, então esta não terá. Também prefiro usar massa seca ao preparar lasanha ou canelone, pois a fresca tende a ficar um pouco pegajosa para o meu gosto.

250 G DE FOLHAS SECAS DE LASANHA
1 XÍCARA (80 G) DE PARMESÃO RALADO
SALADA VERDE PARA ACOMPANHAR

Ragu de porco

12 TOMATES GRANDES CORTADOS AO MEIO
8 DENTES DE ALHO GRANDES (6 COM CASCA, 2 EM FATIAS FINAS)
SAL MARINHO E PIMENTA-DO-REINO MOÍDA NA HORA
1 PUNHADO GRANDE DE CADA UM DOS SEGUINTES ITENS: ORÉGANO, FOLHAS DE MANJERICÃO E DE TOMILHO RASGADAS
1½ COLHER (SOPA) DE AZEITE
1 CEBOLA GRANDE PICADINHA
300 G DE CARNE DE PORCO MAGRA MOÍDA
300 G DE CARNE BOVINA MAGRA MOÍDA
1 LATA (400 G) DE TOMATES PICADOS
1 XÍCARA (250 ML) DE VINHO TINTO ENCORPADO (SHIRAZ OU CABERNET SAUVIGNON)
2 COLHERES (SOPA) DE VINAGRE BALSÂMICO

Molho bechamel

75 G DE MANTEIGA
⅓ DE XÍCARA (50 G) DE FARINHA DE TRIGO
SAL MARINHO E PIMENTA-DO-REINO BRANCA MOÍDA
600 ML DE LEITE AQUECIDO
1 PITADA DE NOZ-MOSCADA MOÍDA NA HORA
1 XÍCARA (80 G) DE PARMESÃO RALADO

Rende 6 porções

Método de preparo na próxima página...

LASANHA de porco e vinho tinto do Mick
continuação...

Preaqueça o forno a 160 °C.

Para preparar o ragu de porco, coloque os tomates numa assadeira com o lado cortado para cima. Cubra cada um com uma fatia de alho e tempere com sal e pimenta-do-reino. Polvilhe com metade das ervas, acrescente os dentes de alho (com casca) à assadeira e leve para assar por 1h30 ou até que o tomate e o alho estejam bem macios. Retire e reserve para esfriar um pouco.

Enquanto isso, aqueça o azeite numa panela grande de fundo espesso ou numa caçarola em fogo médio-baixo. Acrescente a cebola, tempere com uma pitada generosa de sal e refogue por 6 a 8 minutos, até amolecer. Aumente a temperatura para média, adicione as carnes bovina e suína moídas e mexa com a cebola, desfazendo qualquer grumo com uma colher de pau. Tempere com sal e pimenta-do-reino e refogue por mais 4 a 5 minutos, mexendo ocasionalmente, até dourar a carne. Acrescente o tomate enlatado, o vinho tinto, o vinagre balsâmico, 1½ xícara (375 ml) de água e o restante das ervas. Mexa e, em seguida, baixe a temperatura e deixe cozinhar em fogo brando por 1h30, até que o molho tenha reduzido e engrossado, mexendo de vez em quando e raspando os lados da panela.

Bata os tomates assados no liquidificador até que fique uma mistura homogênea. Acrescente ao ragu, com a polpa dos dentes de alho assados espremida, e misture bem. Deixe cozinhar em fogo brando por cerca de 20 minutos para apurar os sabores; prove e tempere, se necessário.

Aumente a temperatura do forno para 180 °C.

Para preparar o molho bechamel, derreta a manteiga numa panelinha em fogo médio, adicione a farinha e uma pitada de sal e pimenta-do-reino, e misture por 2 a 3 minutos para formar uma pasta. Aos poucos, acrescente o leite, mexendo sempre, até que tenha sido absorvido e o resultado seja um molho cremoso e liso. Assim que levantar fervura, acrescente a noz-moscada e o parmesão e misture.

Coloque uma camada de ragu de porco numa assadeira de cerca de 20 cm x 32 cm x 3 cm e espalhe uniformemente. Cubra com uma camada de molho bechamel e coloque folhas de lasanha sem sobrepor, cobrindo toda a área. Continue a montagem até que a fôrma esteja cheia (cerca de três camadas de cada item), finalizando com uma camada de ragu e o restante do bechamel. Polvilhe com parmesão e salpique com pimenta-do-reino moída na hora. Asse por 30 minutos ou até que a superfície esteja dourada e borbulhando, e a massa, completamente cozida.

Deixe descansar por alguns minutos antes de cortar e servir com salada verde.

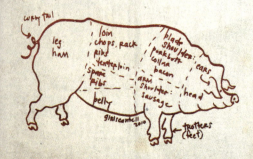

Canelone com frango, COGUMELOS e NOZES

Esta é a versão do meu sogro, Bob. A adição de cogumelos e nozes realmente dá um brilho especial ao canelone clássico. Não se preocupe se seu bechamel ficar um pouco encaroçado, pois os grumos devem sumir depois de mexer um pouco. O segredo para obter um recheio homogêneo é quebrar a mistura de carne de frango moída com uma colher de pau enquanto cozinha, para deixá-la o mais fina possível — isso facilitará o trabalho de rechear os tubinhos de massa. Eu uso um saco de confeitar para rechear, pois é bem menos estressante do que fazer isso com uma colher.

130 G DE FÍGADO DE FRANGO
400 G DE FOLHAS DE ESPINAFRE BABY LAVADAS
AZEITE PARA COZINHAR
1 CEBOLA PICADINHA
3 DENTES DE ALHO AMASSADOS
500 G DE PEITO DE FRANGO
1 COLHER (SOPA) DE CADA UM DOS SEGUINTES ITENS: FOLHAS DE SÁLVIA,
    ESTRAGÃO E TOMILHO
SAL MARINHO E PIMENTA-DO-REINO MOÍDA NA HORA
200 G DE COGUMELOS-DE-PARIS OU PORTOBELO LIMPOS GROSSEIRAMENTE PICADOS
1 COLHERADA DE MANTEIGA
$^1/_2$ XÍCARA (50 G) DE NOZES GROSSEIRAMENTE PICADAS
280 G DE RICOTA
$2^1/_2$ XÍCARAS (200 G) DE PARMESÃO RALADO
18 A 20 TUBOS DE CANELONE SECOS
SALADA VERDE E PÃO TIPO ITALIANO PARA ACOMPANHAR

molho bechamel cremoso
150 G DE MANTEIGA
1 XÍCARA (150 G) DE FARINHA DE TRIGO
3 XÍCARAS (750 ML) DE LEITE
3 XÍCARAS (750 ML) DE CREME DE LEITE FRESCO
1 PITADA DE NOZ-MOSCADA MOÍDA NA HORA
$^2/_3$ DE XÍCARA (50 G) DE QUEIJO PARMESÃO RALADO
SAL MARINHO E PIMENTA-DO-REINO BRANCA, MOÍDA

Rende 4 a 6 porções

Método de preparo na próxima página...

Canelone com *frango*, COGUMELOS e NOZES continuação...

Preaqueça o forno a 180 °C.

Bata os fígados de frango num processador até que fiquem homogêneos e reserve.

Despeje 1 xícara (250 ml) de água fria numa panela grande e leve ao fogo até ferver; adicione o espinafre e cozinhe por 1 a 2 minutos ou até murchar. Escorra e esprema para retirar o excesso de água, pique grosso e reserve.

Aqueça em fogo médio 2 colheres (sopa) de azeite numa frigideira antiaderente funda, acrescente a cebola e o alho e refogue por 10 minutos até que fiquem tenros e opacos. Acrescente a carne de frango moída e o purê de fígado e refogue por 3 a 4 minutos, quebrando qualquer grumo com uma colher de pau enquanto mexe. Adicione as ervas e tempere com uma pitada generosa de sal e pimenta-do-reino, depois deixe cozinhar por 10 a 12 minutos ou até que estejam completamente cozidos.

Enquanto isso, aqueça 1 colher (sopa) de azeite em outra frigideira em fogo baixo, adicione os cogumelos picados e refogue por 4 a 5 minutos. Coloque uma colherada de manteiga até derreter, depois mexa para cobrir os cogumelos. Refogue por mais 2 minutos até ficar brilhante, junte à mistura de frango com as nozes e o espinafre reservado e mexa delicadamente. Retire a panela do fogo e deixe esfriar por 15 minutos; depois prove e tempere, se necessário.

Para preparar o molho bechamel, derreta a manteiga numa panela média em fogo médio, adicione a farinha e, mexendo, cozinhe por 1 a 2 minutos para formar uma pasta. Aos poucos, acrescente o leite, misturando continuamente até que seja absorvido, obtendo um molho cremoso e homogêneo. Espere levantar fervura e então adicione o creme de leite, a noz-moscada e o parmesão; tempere com sal e pimenta-do-reino e misture.

Depois que a mistura de frango tiver esfriado um pouco, acrescente a ricota e um quarto do parmesão ralado. Usando um saco de confeiteiro, recheie os tubos de canelone com a mistura (outra opção é usar uma colher).

Coloque uma camada grossa de bechamel sobre a base de um refratário grande, disponha a massa recheada por cima, em uma só camada. Cubra com o restante do molho, polvilhe o parmesão e tempere com pimenta-do-reino. Leve para assar por 40 minutos, depois aumente a temperatura para 200 °C e deixe gratinar por mais 10 minutos.

Sirva quente com salada verde e pão tipo italiano.

A inspiração para esta receita veio de uma visita memorável a um restaurante em Woodend, Victoria, em 2008, onde experimentei um prato com codornas inesquecível. Brinquei com os sabores que lembrava e inventei esta receita para o inverno usando galeto — ela fica perfeita servida com um bom purê de batatas cremoso (ver receita na p. 214, mas siga apenas os dois primeiros passos e exclua o wasabi!).

Galeto com RECHEIO DE CASTANHA ao molho de Calvados

4 GALETOS CAIPIRAS (500 G CADA UM)
SAL MARINHO E PIMENTA-DO-REINO MOÍDA NA HORA
AZEITE PARA UNTAR
1 PUNHADO PEQUENO DE RAMOS DE TOMILHO E ALECRIM
1 XÍCARA (250 ML) DE CALDO DE GALINHA
3 COLHERES (SOPA) DE CALVADOS (OU CONHAQUE COMUM)

Recheio de castanhas

2½ XÍCARAS (175 G) DE FARINHA DE ROSCA OU PÃO RALADO
4 RAMOS DE ALECRIM, SOMENTE AS FOLHAS
3 RAMOS DE TOMILHO, SOMENTE AS FOLHAS
3 LINGUIÇAS DE PORCO CASEIRAS SEM A PELE
½ XÍCARA (70 G) DE AVELÃS
2 COLHERES (CHÁ) DE AZEITE
115 G DE PANCETTA, CORTADA EM CUBOS DE 1 CM
1 CEBOLA PICADINHA
1 DENTE DE ALHO AMASSADO
2 COLHERES (SOPA) DE PURÊ DE CASTANHAS PORTUGUESAS
SAL MARINHO E PIMENTA-DO-REINO MOÍDA NA HORA

Rende 4 porções

Preaqueça o forno a 180 °C.

Para preparar o recheio, coloque a farinha de rosca, o alecrim, o tomilho e a carne da linguiça numa tigela e misture com as mãos limpas.

Espalhe as avelãs numa assadeira e leve para assar por 10 minutos ou até dourar. Se estiverem com casca, coloque sobre um pano de prato limpo e esfregue para removê-las. Usando uma faca afiada grande, pique grosso os frutos secos e adicione à mistura para rechear.

Aqueça o azeite numa frigideira, acrescente a pancetta e frite em fogo médio-baixo por 10 minutos até começar a ficar crocante. Adicione a cebola e refogue por 5 minutos, então coloque o alho e refogue por mais 5 minutos.

Deixe esfriar um pouco, então adicione ao purê de castanhas. Misture tudo (novamente, usando as mãos limpas), depois tempere bem com sal e pimenta-do-reino.

Coloque os galetos sobre uma superfície limpa. Tempere o interior deles com sal e recheie. Prenda a abertura com um palito, se desejar, e amarre as coxas com barbante. Unte com o azeite a parte externa dos galetos, polvilhe alguns ramos de tomilho e de alecrim. Tempere com sal e pimenta-do-reino.

Coloque os galetos numa assadeira e leve para assar por 1 a 1h30 até dourar completamente. Para verificar se estão assados, insira uma faca pequena afiada na parte mais grossa da ave — se os sucos que escorrerem estiverem translúcidos, ela está no ponto. Transfira da assadeira para uma travessa e deixe descansar.

Para preparar o molho, coloque a assadeira sobre uma boca do fogão em fogo baixo. Usando uma colher grande, escume o máximo de gordura que puder. Acrescente o caldo e o calvados e misture usando um batedor de arame — procure raspar qualquer pedaço caramelizado do fundo da assadeira. Tempere a gosto com sal e pimenta-do-reino e cozinhe em fogo brando até que o líquido tenha reduzido pela metade. Coe, se desejar, e sirva bem quente com os galetos.

Filé de COSTELA com *manteiga de anchovas* e **batatas** com *alecrim*

Esta receita foi postada no blog no Dia dos Namorados, em 2011. Vamos encarar os fatos: todas nós sabemos que o melhor caminho para atingir o coração de um homem é fazer um bife gigante para ele (no meu caso, pelo menos, sempre funciona com meu legítimo australiano carnívoro). Tente encontrar o melhor pedaço de carne bovina, como *ojo* de bife, filé de costela, bife ancho ou entrecote. Melhor ainda se for um *prime rib*, com osso. Se você não gosta de anchovas, pode substituí-las por 1 colher (sopa) de alcaparras picadas.

6 BATATAS INGLESAS, COM CASCA, BEM LAVADAS
SAL MARINHO E PIMENTA-DO-REINO MOÍDA NA HORA
AZEITE PARA COZINHAR E UNTAR
2 DENTES DE ALHO EM FATIAS FINAS
1 PUNHADO DE FOLHAS DE SALSINHA LISA PICADINHAS
2 RAMOS DE ALECRIM, COM AS FOLHAS PICADINHAS
2 FILÉS DE COSTELA OU *PRIME RIBS* (TAMANHO DA SUA PREFERÊNCIA)
1 COLHERADA DE MANTEIGA
ANÉIS DE CEBOLA ASSADOS COM TOMILHO (*VER P. 223*)

Manteiga de anchovas
3 COLHERES (SOPA) DE MANTEIGA EM TEMPERATURA AMBIENTE
4 FILÉS DE ANCHOVA ESCORRIDOS E PICADINHOS
1 COLHER (CHÁ) DE SALSINHA LISA BEM PICADINHA
PIMENTA-DO-REINO MOÍDA NA HORA

Rende 2 porções

Para preparar a manteiga de anchovas, junte a manteiga, as anchovas e a salsinha numa tigela pequena e tempere a gosto com pimenta-do-reino. Cubra com filme e leve à geladeira até a hora de usar.

Leve uma panela grande de água ao fogo até ferver, acrescente as batatas e uma pitada de sal e deixe cozinhar até que fiquem tenras (teste com uma faca — as batatas devem estar completamente cozidas, mas ainda um pouco firmes). Escorra e reserve para esfriar um pouco.

Enquanto isso, aqueça 1 colher (sopa) de azeite numa frigideira grande em fogo médio-baixo, adicione o alho e refogue por 1 a 2 minutos. Corte as batatas em rodelas de 1 cm de espessura e salteie em porções na mesma frigideira, de ambos os lados, até dourar (cuidado para não encher demais a panela ou as batatas cozinharão no vapor). Retire as batatas e o alho e escorra sobre papel-toalha; a seguir, transfira para uma tigela. Tempere com uma pitada de sal e pimenta-do-reino, e misture a salsinha e o alecrim.

Enquanto isso, esfregue com as mãos 1 colher (sopa) de azeite na carne. Tempere bem dos dois lados com sal e pimenta-do-reino.

Aqueça uma frigideira tipo grelha até começar a enfumaçar, sele os bifes por 3 a 4 minutos de cada lado para que fiquem ao ponto, ou até o ponto de sua preferência. Acrescente um pouco de manteiga, deixe derreter, depois coloque sobre a carne. Retire a carne da frigideira e deixe descansar por alguns minutos; sirva com a manteiga de anchovas, batatas sauté e os anéis de cebola.

JANTAR

N º. 185

Frango com GERGELIM apimentado

Este é um ótimo prato para os dias de semana, superfácil, do tipo "coloque tudo na assadeira". Embora a lista de ingredientes pareça longa, costumo ter 99% deles na geladeira ou despensa; só preciso comprar o frango e começar. Sugiro retirar a pele das coxas, pois percebi que isso permite que a carne fique bem caramelizada. Para tornar a receita ainda mais fácil, compre as coxas sem pele (e não se preocupe em retirar a pele das asas, pois a vida é muito curta!).

1 KG DE COXAS E ASAS DE FRANGO CAIPIRA
SAL MARINHO E PIMENTA-DO-REINO MOÍDA NA HORA
1 COLHER (SOPA) DE AZEITE
1 CEBOLA ROXA PEQUENA PICADINHA
3 DENTES DE ALHO FATIADOS
1 XÍCARA (250 ML) DE KETCHUP
$1/2$ XÍCARA (140 G) DE MOSTARDA À ANTIGA
$1/3$ DE XÍCARA (120 G) DE MEL
2 COLHERES (SOPA) DE AÇÚCAR MASCAVO
1 COLHER (SOPA) DE PÁPRICA
1 COLHER (CHÁ) DE PIMENTA-DE-CAIENA
3 COLHERES (SOPA) DE MOLHO INGLÊS
3 COLHERES (SOPA) DE VINAGRE BALSÂMICO
1 PUNHADO DE CADA UM DOS SEGUINTES ITENS: GERGELIM E PIMENTA DEDO-DE-MOÇA, EM FATIAS FINAS, PARA DECORAR
ARROZ BASMATI COZIDO NO VAPOR PARA ACOMPANHAR

Rende 4 porções

Comece retirando a pele das coxas. Usando uma faca afiada, corte a pele em volta de toda a circunferência da parte inferior da coxa, no ponto mais estreito (um pouco acima da junta). Corra os dedos por baixo da pele para soltá-la, então levante e puxe até a outra extremidade do osso. Ainda haverá pele no final da junta, mas não se preocupe — o objetivo principal é retirá-la da parte da perna que contém mais carne. Coloque as coxas e as asas numa assadeira e tempere com sal e pimenta-do-reino.

Preaqueça o forno a 160 °C.

Aqueça o azeite numa frigideira funda em fogo médio e refogue a cebola por 5 minutos. Junte o alho e refogue por mais 5 minutos. Baixe o fogo e adicione o ketchup, a mostarda, o mel, o açúcar, a páprica, a pimenta-de-caiena, o molho inglês e o vinagre balsâmico. Misture bem, aumente o fogo para médio e deixe cozinhar por 5 minutos. Despeje o molho de maneira uniforme sobre o frango na assadeira.

Leve ao forno e deixe assar, regando frequentemente, por 1h15 a 1h30 ou até que o frango esteja completamente cozido e viscoso na parte externa. Decore com gergelim e pimenta dedo-de-moça; sirva com arroz basmati.

Servido com salada verde, bastante pão tipo italiano e espumante gelado, este é um excelente prato informal para saborear com os amigos.

Algumas pessoas não fazem caranguejos porque acreditam que o preparo é muito trabalhoso. Eu as aconselho a experimentar — existem inúmeros tutoriais on-line que mostram todo o processo, passo a passo. Nota importante: caranguejos devem ser cozidos vivos, e a maneira mais humana de fazer isso é, primeiramente, colocando os animais no congelador por pelo menos 30 minutos, para deixá-los atordoados. Os caranguejos devem estar completamente imóveis antes de serem colocados na água fervente — se observar qualquer movimento, leve-os de volta ao congelador por um pouco mais de tempo.

CARANGUEJO *picante* refogado

Nº 189

JANTAR

- 2 CARANGUEJOS FRESCOS
- 2 SIRIS COZIDOS, LIMPOS, COM O CORPO CORTADO EM QUATRO E COM AS PERNAS E GARRAS QUEBRADAS E ABERTAS

Molho picante

- 2 COLHERES (SOPA) DE AZEITE
- 3 DENTES DE ALHO CORTADOS EM FATIAS FINAS
- 1 COLHER (CHÁ) DE GENGIBRE RALADO
- 1 PIMENTA DEDO-DE-MOÇA VERDE, EM FATIAS FINAS E UM POUCO MAIS PARA DECORAR
- 1 PIMENTA DEDO-DE-MOÇA, EM FATIAS FINAS E UM POUCO MAIS PARA DECORAR
- 5 A 6 CEBOLINHAS COM AS PONTAS APARADAS E FATIADAS NA DIAGONAL E UM POUCO MAIS PARA DECORAR
- 1/3 DE XÍCARA (100 G) DE PASTA DE FEIJÃO PICANTE (DOUBANJIANG)
- 2 COLHERES (SOPA) DE VINAGRE DE ARROZ
- 1 COLHER (SOPA) DE AÇÚCAR MASCAVO
- 1 XÍCARA (250 ML) DE CALDO DE PEIXE
- SAL MARINHO E PIMENTA-DO-REINO MOÍDA NA HORA
- 1 PUNHADO DE CADA UM DOS SEGUINTES ITENS: COENTRO E SALSINHA LISA, PICADOS GROSSO

Rende 4 porções

Congele os caranguejos não cozidos por 30 minutos ou até que estejam completamente atordoados; então coloque numa panela grande com água salgada fervente. Tampe e deixe cozinhar por 20 minutos ou até que estejam cozidos. Se eles forem pequenos, o cozimento cai para 15 minutos. Escorra e separe a parte do corpo das garras e pernas. Retire a carne do corpo e abra as garras e pernas, então junte numa tigela com o siri preparado.

Aqueça o azeite numa panela *wok* em fogo médio, acrescente o alho, o gengibre, as pimentas e a cebolinha e refogue por 5 minutos. Coloque a pasta de feijão picante, o vinagre, o açúcar e o caldo, e misture bem. Adicione o caranguejo, com todas as carnes soltas, e aqueça, mexendo por 5 a 6 minutos, até estar coberto com o molho. Tempere com um pouco de sal e pimenta-do-reino e passe para uma travessa grande.

Espalhe o coentro, a salsinha, mais pimenta dedo-de-moça e cebolinha por cima; sirva imediatamente.

Fazer o peito de frango pochê é uma excelente maneira de enriquecê-lo com mais sabor e manter sua umidade — existe algo pior do que peito de frango seco e sem gosto? Além disso, é uma opção saudável, pois não utiliza gordura. Este é um prato bastante extravagante — o azeite trufado é caro, mas dura décadas, e uma pequena quantidade rende muito. O estragão fica delicioso quando adicionado em pequenas quantidades, mas cuidado para não usar muito, pois o sabor pode ficar forte demais.

Risoto de frango poché com azeite trufado e estragão

2 FOLHAS DE LOURO
½ COLHER (CHÁ) DE PIMENTA-DO-REINO EM GRÃOS
2 FILÉS (200 G CADA UM) DE PEITO DE FRANGO CAIPIRA
1,2 LITRO DE CALDO DE GALINHA
1 COLHER (SOPA) DE AZEITE
50 G DE MANTEIGA
1 CEBOLA BEM PICADA
1½ XÍCARA (300 G) DE ARROZ ARBÓREO
100 ML DE VINHO BRANCO
1 PUNHADO PEQUENO DE FOLHAS DE SALSINHA LISA PICADINHA
SAL MARINHO E PIMENTA-DO-REINO MOÍDA NA HORA
100 G DE QUEIJO PECORINO RALADO E UM POUCO MAIS PARA SERVIR
AZEITE TRUFADO BRANCO PARA REGAR
FOLHAS DE ESTRAGÃO (OPCIONAL)

Rende 4 porções

Coloque as folhas de louro, os grãos de pimenta-do-reino e 3 xícaras (750 ml) de água numa panela média. Leve ao fogo até ferver, baixe a temperatura e deixe cozinhar em fogo brando por 5 minutos para apurar os sabores. Adicione os peitos de frango, tampe e deixe cozinhar em fogo brando por 10 a 12 minutos, ou até que a carne esteja cozida. Retire do fogo e deixe esfriar um pouco, depois escorra e desfie.

Despeje o caldo de galinha numa panela grande e leve ao fogo até ferver. Baixe a temperatura ao máximo, tampe e mantenha o caldo aquecido até a hora de usar.

Aqueça o azeite e a manteiga numa panela grande de fundo espesso até que a manteiga derreta. Acrescente a cebola e refogue por 5 a 10 minutos ou até ficar tenra. Coloque o arroz e misture com a cebola, despeje o vinho e cozinhe em fogo brando, mexendo, até que o líquido tenha reduzido um pouco.

Acrescente uma concha de caldo ao arroz e misture, até que tenha sido completamente absorvido. Continue adicionando caldo até que reste apenas uma concha dele na panela. Junte o frango e a salsinha, e, por fim, o restante do caldo. Mexa e tempere a gosto com sal e pimenta-do-reino. Nesse estágio, o risoto deve ter uma consistência bem cremosa. Quando o resto do caldo tiver sido absorvido, acrescente o pecorino.

Para servir, coloque porções do risoto nos pratos. Regue com um pouco de azeite trufado branco e polvilhe mais pecorino e uma ou duas folhas de estragão, se desejar. Finalize com um pouco de pimenta-do-reino moída na hora.

Cordeiro assado por oito horas com QUEIJO FETA

Esta é uma receita fantástica para um jantar com convidados. Basta colocar a carne no forno pela manhã e deixá-la assar lentamente o dia inteiro, depois retirá-la do osso e servir — ela derreterá na boca. Costumo prepará-la quando me pedem para levar algo num jantar, e é sempre um grande sucesso.

- 2 CEBOLAS CORTADAS EM QUATRO
- 2 CABEÇAS DE ALHO, CORTADAS AO MEIO E MAIS 12 DENTES EXTRAS, DESCASCADOS E CORTADOS AO MEIO NO SENTIDO DO COMPRIMENTO
- 2 MAÇOS DE ALECRIM
- 1 PERNIL (1½ KG) DE CORDEIRO ORGÂNICO
- AZEITE PARA UNTAR E REGAR
- SAL MARINHO E PIMENTA-DO-REINO MOÍDA NA HORA
- 1 XÍCARA (200 G) DE QUEIJO FETA ESFARELADO OU QUEIJO DE CABRA MACIO
- LIMÃO SICILIANO E RASPAS PARA ACOMPANHAR

Molho de ervas e limão

- 1 PUNHADO GRANDE DE CADA UM DOS SEGUINTES ITENS: FOLHAS DE MANJERICÃO, SALSINHA LISA E HORTELÃ
- 1 COLHER (CHÁ) DE MOSTARDA DE DIJON
- 1 COLHER (SOPA) DE VINAGRE DE XEREZ
- 1 COLHER (SOPA) DE ALCAPARRAS SALGADAS LAVADAS
- 2 A 3 FILÉS DE ANCHOVA ESCORRIDOS
- RASPAS E CALDO DE 1 LIMÃO SICILIANO
- ½ XÍCARA (125 ML) DE AZEITE E MAIS UM POUCO, SE NECESSÁRIO

Rende 4 a 6 porções

Preaqueça o forno a 140 °C.

Coloque os quartos de cebola e as cabeças de alho no centro de uma assadeira e espalhe os ramos de 1 maço de alecrim por cima. Cubra com o pernil.

Coloque um pouco de azeite nas mãos. Esfregue uma na outra, passe por toda a carne. Usando uma faca afiada pequena, faça doze incisões (com cerca de 2,5 cm de profundidade) na carne. Empurre duas metades de dentes de alho em cada uma das incisões, depois corte seis ramos de alecrim ao meio, dobre e insira com o alho.

Tempere a carne com sal e pimenta-do-reino e regue com um pouco mais de azeite. Cubra com papel-alumínio, inserindo-o em torno da parte interna da fôrma. Asse por oito horas, checando de vez em quando. Se parecer um pouco seca, adicione uma borrifada de água ou vinho branco.

Quando estiver assada, retire do forno e deixe descansar por 20 minutos antes de desfiar a carne — ela deve se soltar facilmente do osso e ter uma consistência sedosa.

Para preparar o molho, bata no processador as ervas, a mostarda, o vinagre, as alcaparras, as anchovas, as raspas e o caldo de limão, até formar uma pasta. Regue com um pouco mais de azeite se estiver muito espesso — o molho deve ficar um pouco mais líquido do que um pesto para que seja possível regar a carne.

Coloque o cordeiro e o feta esfarelado numa travessa e regue com o molho. Sirva com limão siciliano e raspas.

Jill é uma de minhas amigas australianas mais próximas e ela é a mais incrível cozinheira vegetariana que já tive a sorte de conhecer. Anos atrás, quando todos vivíamos na Irlanda, costumávamos passar uns fins de semana na casa de campo do marido dela, Frank. Era uma casa adorável, situada em alguns hectares de terra onde havia um grande lago. Depois de várias (e engraçadíssimas) tentativas de fazer canoagem sob temperaturas c-c-c-congelantes no inverno, voltávamos para a casa, acendíamos a lareira, abríamos um tinto e estávamos prontos para uma ótima noite, repleta de boa conversa, música e, o mais importante, a esplêndida comida da Jill. Este é um dos pratos que ela costumava preparar. Sou eternamente grata a Jill por me mostrar que é possível se alimentar maravilhosamente bem e sem perdas quando se decide viver sem carne.

ROLINHO vegetariano da JILL

Rende 4 unidades

1 COLHER (SOPA) DE AZEITE
2 DENTES DE ALHO AMASSADOS
6 CEBOLINHAS COM AS PONTAS APARADAS E FATIADAS
1 MAÇO DE ESPINAFRE LAVADO E PICADO GROSSO
$^1/_3$ DE XÍCARA (50 G) DE PINOLI
1 XÍCARA (200 G) DE QUEIJO FETA ESFARELADO
1 XÍCARA (200 G) DE RICOTA FRESCA
$^1/_4$ DE COLHER (CHÁ) DE NOZ-MOSCADA RALADA NA HORA
2 OVOS CAIPIRAS LEVEMENTE BATIDOS
1 PUNHADO DE FOLHAS DE SALSINHA LISA BEM PICADAS
$1^1/_2$ XÍCARA (105 G) DE FARINHA DE ROSCA FRESCA
375 G DE MASSA FILO
150 G DE MANTEIGA DERRETIDA
1 OVO CAIPIRA MISTURADO COM UM POUCO DE LEITE
1 PUNHADO DE SEMENTES DE PAPOULA OU GERGELIM PRETO
TZATZIKI DE BOA QUALIDADE, OU *RELISH* DE TOMATE PICANTE (VER P. 228) PARA ACOMPANHAR

Preaqueça o forno a 180 °C.

Aqueça o azeite numa panela em fogo médio, acrescente o alho e a cebolinha e refogue por 5 minutos. Adicione o espinafre, tampe e deixe cozinhar por 2 a 3 minutos, até murchar. Escorra, deixe esfriar, depois esprema para retirar qualquer excesso de líquido.

Coloque o pinoli numa frigideira seca e toste em fogo médio-baixo por 5 minutos ou até dourar — não descuide, pois eles podem queimar depressa.

Junte os queijos, a noz-moscada e o ovo numa tigela grande. Acrescente o espinafre, a salsinha, o pinoli e a farinha de rosca.

Coloque uma folha de massa filo sobre uma superfície limpa e pincele com um pouco de manteiga derretida. Coloque outra por cima e pincele com manteiga, então coloque uma última folha por cima e pincele com manteiga, para obter uma pilha de três folhas.

Espalhe algumas colheres de recheio uniformemente ao longo de uma das bordas da massa, deixando um espaço de 4 a 5 cm em cada ponta. Enrole a massa e o recheio, moldando na forma de uma salsicha, dobrando os lados ao mesmo tempo. Pincele com a mistura de ovo. Repita com o restante do recheio e da massa.

Coloque um rolinho de massa no centro de uma assadeira redonda untada e, delicadamente, forme uma espiral. Pegue o próximo rolinho e una, ponta com ponta, ao primeiro, e enrole em torno dele. Continue com os demais pedaços para formar uma grande espiral, pincelando com a mistura de ovo para selar todos juntos. Polvilhe sementes de papoula ou o gergelim preto, depois leve ao forno para assar por 30 minutos ou até dourar por toda a extensão.

Sirva com *tzatziki* (molho grego de iogurte) ou *relish* de tomate picante.

CAPÍTULO Nº 6

Acompanhamentos & molhos

Brócolis com pancetta, nozes e LIMÃO

O brócolis comum é o irmão mais bonito, esbelto e sexy do brócolis japonês, e eu o considero muito mais saboroso. Ao prepará-lo costumo usar os talos também, assim a combinação de consistências fica mais interessante. Cozinhe pouco, para que fique apenas tenro, depois escorra e coloque imediatamente numa tijela grande com água gelada, para que mantenha a cor vibrante. Aqui, a adição de pancetta salgada e crocante, das nozes douradas e do caldo ácido do limão dá ao prato um toque muito diferente do brócolis inerte e supercozido ao qual estamos acostumados.

2 MAÇOS DE BRÓCOLIS, BUQUÊS E TALOS SEPARADOS, TALOS CORTADOS EM PEDAÇOS DE 2 CM, SEM AS PONTAS DURAS
2 COLHERES (CHÁ) DE AZEITE
6 FATIAS (3 MM DE ESPESSURA) DE PANCETTA CORTADA EM CUBINHOS
1/3 DE XÍCARA (35 G) DE NOZES PICADAS
1 COLHERADA DE MANTEIGA
CALDO DE 1 LIMÃO
SAL MARINHO E PIMENTA-DO-REINO MOÍDA NA HORA

Leve uma panela de água salgada ao fogo até ferver. Adicione os buquês e os talos de brócolis e cozinhe por 3 a 4 minutos, até ficarem tenros. Escorra e transfira para a água gelada. Escorra novamente e seque com papel-toalha.

Aqueça o azeite numa frigideira grande e frite a pancetta em fogo médio por 7 a 10 minutos, até ficar crocante. Coloque o brócolis e as nozes na panela. Adicione a manteiga e o caldo de limão e misture bem todos os ingredientes. Tempere com sal e pimenta-do-reino.

Transfira imediatamente para uma travessa e sirva quente.

Rende 4 porções

Quando eu era muito pequena, decidi que absolutamente detestava ervilha. Mesmo assim, quando tinha ervilha no jantar, minha mãe me perguntava:
"Você quer ervilha?".
E minha resposta era religiosamente a mesma:
"Não, eu odeio ervilha! Por que você sempre me pergunta se sabe que odeio ervilha?".
Então ela dizia:
"Você não odeia ervilha, você adora!".
Aquilo costumava me deixar louca!

Só superei minha fobia por ervilha cerca de cinco anos atrás, quando descobri a ervilha fresca, que tem sabor adocicado e refrescante, é crocante, e não mole e nojenta. Hoje, como ervilha com frequência, principalmente com carne de cordeiro ou macarrão. Outra opção é este acompanhamento, com uma boa porção de hortelã fresca, muita manteiga e pimenta-do-reino. Acho que minha mãe sabia o que estava dizendo — eu realmente adoro ervilha, só não tinha me dado conta disso.

ERVILHAS com hortelã

Rende 4 a 6 porções

3 COLHERES (SOPA) DE MANTEIGA AMOLECIDA
1 COLHER (CHÁ) DE *WASABI*
1 PUNHADO GRANDE DE FOLHAS DE HORTELÃ, BEM PICADAS, E MAIS ALGUMAS FOLHAS PARA DECORAR
1 PUNHADO PEQUENO DE FOLHAS DE SALSINHA LISA BEM PICADAS
2 XÍCARAS (240 G) DE ERVILHAS CONGELADAS
½ COLHER (CHÁ) DE AÇÚCAR
SAL MARINHO E PIMENTA-DO-REINO MOÍDA NA HORA

Coloque a manteiga, o *wasabi*, a menta e a salsinha numa tigela pequena e mexa.

Encha uma panela até a metade com água fria e adicione o sal. Leve ao fogo alto até ferver e então coloque as ervilhas. Baixe a temperatura e cozinhe em fogo brando por 3 minutos. Escorra a água e volte as ervilhas à panela morna. Tempere com açúcar, sal e bastante pimenta-do-reino.

Misture a manteiga temperada com as ervilhas. Transfira para uma travessa, coloque o restante da manteiga por cima para derreter. Decore com mais folhas de hortelã e sirva imediatamente.

MILHO VERDE com manteiga de pimenta, hortelã e limão

Nº 205

Este é um de meus pratos campeões em churrascos. O limão e a pimenta calabresa são uma combinação magnífica e casam muito bem com a hortelã fresca. Qualquer sobra da manteiga fica perfeita com batatas assadas ou cozidas.

4 ESPIGAS DE MILHO VERDE, COM A CASCA
LIMÃO PARA ACOMPANHAR

Manteiga de pimenta, hortelã e limão
3 COLHERES (SOPA) DE MANTEIGA AMOLECIDA
1 COLHER (SOPA) DE HORTELÃ BEM PICADA
1 COLHER (CHÁ) DE COENTRO BEM PICADO
CALDO DE 1 LIMÃO
1 COLHER (CHÁ) DE PIMENTA CALABRESA
SAL MARINHO E PIMENTA-DO-REINO MOÍDA NA HORA

Rende 4 unidades

Demolhe as espigas de milho numa tigela com água por 10 minutos (isso vai evitar que a casca queime na churrasqueira).

Enquanto isso, preaqueça uma churrasqueira ou uma grelha em temperatura média. Grelhe o milho por 30 minutos, virando regularmente. Retire do fogo e deixe esfriar um pouco, então puxe a casca para a ponta.

Baixe um pouco a temperatura e leve as espigas de volta à churrasqueira por mais 10 a 15 minutos ou até tostar levemente, virando o milho de vez em quando (o tempo que leva para ficar com uma encantadora aparência tostada é surpreendentemente grande).

Enquanto isso, para fazer a manteiga de pimenta, junte todos os ingredientes numa tigelinha. Leve à geladeira para resfriar por 10 minutos.

Sirva as espigas quentes cobertas com uma colherada generosa de manteiga e gomos de limão. Sirva mais manteiga para quem quiser.

Cenouras baby assadas com TOMILHO, avelãs e vinho branco

Este é um superacompanhamento para qualquer assado no jantar. A vantagem de fazer essas cenouras é que não faz muita bagunça e não sobra muita louça para lavar — algo inestimável quando penso no estado em que normalmente fica minha cozinha depois que faço um jantar.

2 MAÇOS DE CENOURAS BABY COM AS PONTAS APARADAS
1/2 XÍCARA (70 G) DE AVELÃS
5 RAMOS DE TOMILHO
SAL MARINHO E PIMENTA-DO-REINO MOÍDA NA HORA
3 COLHERES (SOPA) DE VINHO BRANCO SECO
CALDO DE 1/2 LARANJA SANGUÍNEA (SE NÃO ENCONTRAR, DE 1/2 LARANJA COMUM)
1 COLHER (SOPA) DE AZEITE EXTRAVIRGEM
2 PEDAÇOS DE MANTEIGA

Rende 4 porções

Preaqueça o forno a 180 °C.

Coloque as avelãs numa assadeira e leve para assar por 10 a 12 minutos, até dourar um pouco. Transfira para um pilão e bata até esmagar grosseiramente. Reserve.

Coloque um pedaço grande de papel-alumínio ou papel-manteiga numa assadeira e disponha as cenouras no centro. Polvilhe tomilho (use alguns ramos inteiros e folhas soltas) e tempere com sal e pimenta-do-reino. Cubra com outro pedaço grande de papel-alumínio ou papel-manteiga e dobre um dos lados algumas vezes para selar; repita nos outros dois lados. Vire o lado aberto em sua direção e, com cuidado, despeje o vinho, o caldo de laranja e o azeite dentro do pacote, então adicione a manteiga. Dobre o último lado e leve a assadeira ao forno. Deixe assar por cerca de 20 minutos ou até que o pacote infle e as cenouras estejam tenras, mas ainda crocantes (para verificar, retire do forno e com cuidado insira uma faca pequena afiada nas cenouras através do embrulho).

Remova a assadeira do forno e abra o pacote com uma faca afiada. Use um pegador para transferir as cenouras para uma travessa e cubra com os sucos do cozimento. Salpique avelãs, tempere com sal e pimenta-do-reino e sirva.

Pastinha de feijão-branco, grão-de-bico e ALHO

Como prefiro pratos salgados a doces, muitas vezes opto por uma tábua de queijos em vez de sobremesa, e tenho uma queda por torradas e pastas. Esta é minha versão do clássico homus, bastante simples e sem complicações. Depois de assar o alho, o molho estará pronto e à mesa num piscar de olhos.

Este homus fica especialmente saboroso servido com torradas caseiras. Basta usar dois ou três pães sírios, passar um dente de alho cortado e, em seguida, regar com azeite e temperar com sal e pimenta-do-reino. Polvilhe um punhado de manjericão bem picado, então corte o pão em triângulos e asse em um forno preaquecido a 180°C, por 15 a 20 minutos ou até que esteja torrado e crocante.

2 DENTES DE ALHO GRANDES COM CASCA
1/3 DE XÍCARA (80 ML) DE AZEITE EXTRAVIRGEM, E UM POUCO MAIS PARA REGAR
1 LATA (400 G) DE GRÃO-DE-BICO, ENXAGUADO E ESCORRIDO
1 LATA (400 G) DE FEIJÃO-BRANCO, ENXAGUADO E ESCORRIDO
CALDO DE 1 1/2 LIMÃO SICILIANO
1 PITADA DE PIMENTA CALABRESA, E UM POUCO MAIS PARA SERVIR (OPCIONAL)
SAL MARINHO E PIMENTA-DO-REINO MOÍDA NA HORA
LIMÃO SICILIANO E TORRADAS CASEIRAS (VEJA ACIMA) PARA ACOMPANHAR

Preaqueça o forno a 180 °C.

Coloque o alho numa fôrma e leve para assar por cerca de 30 minutos até amolecer. Retire e deixe esfriar, depois esprema a polpa macia e descarte a casca.

Coloque num liquidificador com o grão-de-bico, o feijão-branco, o caldo de limão, os flocos de pimenta (se for usar) e o azeite. Bata, depois tempere a gosto com sal e pimenta-do-reino. A pasta deve estar espessa e com uma consistência levemente granulosa. Se preferir um pouco mais lisa, basta adicionar uma ou duas colheres (sopa) de azeite.

Transfira para uma tigela, regue com azeite e polvilhe com mais pimenta calabresa, se desejar. Sirva com limão e torradas caseiras.

Rende 2 xícaras (500 ml)

No. 212

Batatas com alho *gratinadas*

Um ótimo curinga, estas batatas gratinadas cremosas combinam bem com quase tudo, principalmente com carne de cordeiro assada, como a da p. 193. Também é um prato campeão para jantares especiais, pois pode ser montado pela manhã, mantido na geladeira e levado ao forno quando os convidados chegarem, deixando você livre para dar atenção a eles, em vez de preso a um fogão quente.

6 A 8 BATATAS ASTERIX GRANDES, DESCASCADAS E CORTADAS EM RODELAS BEM FINAS COM UM MANDOLIM
2½ XÍCARAS (650 ML) DE CREME DE LEITE FRESCO
3 DENTES DE ALHO GRANDES EM FATIAS BEM FINAS
50 G DE MANTEIGA
SAL MARINHO E PIMENTA-DO-REINO MOÍDA NA HORA

rende 6 porções

Preaqueça o forno a 160 °C.

Coloque uma camada de rodelas de batata no fundo de um refratário medindo cerca de 20 cm x 30 cm x 6 cm e despeje uma camada fina de creme de leite. Salpique algumas fatias de alho e duas colheradas de manteiga, depois tempere com um pouco de sal e pimenta-do-reino moída na hora. Repita até usar todas as batatas. Cubra a camada final com o restante de creme de leite, manteiga, sal e pimenta-do-reino.

Leve para assar por 1h a 1h30 ou até que as batatas estejam completamente cozidas e a cobertura esteja dourada e crocante. Sirva bem quente.

Sou irlandesa, e para 99% do resto do mundo isso significa que eu como batatas no café da manhã, almoço e jantar. Para ser franca, só como batatas de vez em quando, mas tenho que admitir que nada é mais saboroso do que batatas assadas supercrocantes (*ver p. 226*) ou um purê como este. Eu estava em um casamento irlandês, há alguns anos, e sem querer ouvi um convidado reclamando com o garçom: "Você me serviu batatas cozidas e amassadas, mas cadê o purê?".

Para fazer este prato, costumo passar as batatas por um espremedor, porque detesto grumos, de qualquer tamanho ou formato, mesmo os minúsculos. E preciso avisar: este não é um prato para os dias de dieta.

ACOMPANHAMENTOS E MOLHOS

N°. 214

Purê IRLANDÊS da *Katie*

6 BATATAS FARINHOSAS GRANDES, DESCASCADAS E CORTADAS AO MEIO
SAL
3/4 DE XÍCARA (180 ML) DE LEITE
1/3 DE XÍCARA (80 ML) DE CREME DE LEITE FRESCO
3 COLHERES (SOPA) DE MANTEIGA E UM POUCO MAIS PARA SERVIR
1 COLHER (CHÁ) DE *WASABI*
SAL MARINHO E PIMENTA-DO-REINO MOÍDA NA HORA
1/4 DE REPOLHO BRANCO SEM MIOLO E FATIADO BEM FINO
5 CEBOLINHAS BEM PICADINHAS

Cobertura
1 COLHER (SOPA) DE MANTEIGA OU AZEITE EXTRAVIRGEM
1 PUNHADO DE REPOLHO BRANCO EM FATIAS BEM FINAS
3 CEBOLINHAS COM AS PONTAS APARADAS E BEM PICADINHAS
1 PUNHADO DE PINOLI
1 COLHER (CHÁ) DE GERGELIM

rende 4 porções

Coloque as batatas numa panela grande com água salgada e leve ao fogo até ferver. Deixe cozinhar por cerca de 30 minutos ou até que uma faca possa ser inserida facilmente no centro. Escorra bem, leve de volta à panela, amasse até ficar uniforme (ou passe por um espremedor para obter uma consistência bem lisa).

Acrescente o leite às batatas amassadas. Leve a panela de volta ao fogo baixo e aqueça lentamente enquanto mistura o leite usando uma colher de pau. Quando a mistura estiver bem homogênea, acrescente o creme de leite e a manteiga e bata. Adicione o *wasabi* e tempere com bastante sal e pimenta-do-reino. Tampe e mantenha aquecido.

Cozinhe o repolho em água fervente salgada por cerca de 6 a 8 minutos, até ficar tenro, mas ainda crocante. Escorra bem, então adicione à batata e misture também a cebolinha.

Para preparar a cobertura, coloque a manteiga ou o azeite numa frigideira em fogo médio. Acrescente o repolho, a cebolinha, os *pinoli* e o gergelim. Refogue por 5 a 10 minutos, até que os *pinoli* estejam tostados e o repolho fique crocante.

Para servir, aqueça o purê – você pode adicionar um pouco mais de leite nesse estágio para ter certeza de que fique uniforme e leve.

Transfira para uma travessa quente, acrescente um pedaço de manteiga e espalhe a cobertura por cima. Tempere com mais pimenta-do-reino moída na hora e sirva.

REPOLHO ASSADO
com maçãs e
uvas-passas BRANCAS

Este é outro prato básico dos meus sogros que saboreei muitas vezes ao longo dos anos, nas reuniões de família. Sempre gostei mais de repolho roxo do que do branco, e somente nos últimos anos é que comecei a comê-lo cozido, pois prefiro a versão crua em saladas, que mantém a consistência e a crocância. Esta versão cozida é um acompanhamento incrível, com o toque saboroso e adocicado de frutas, promovido pela maçã e pela geleia.

1 KG DE REPOLHO ROXO, SEM MIOLO, FATIADO FININHO
4 COLHERES (SOPA) DE MANTEIGA
2 COLHERES (SOPA) DE AÇÚCAR
½ XÍCARA DE VINAGRE DE VINHO BRANCO
1 COLHER (CHÁ) DE SAL MARINHO
1½ COLHER (SOPA) DE MAÇÃ VERDE DESCASCADA, SEM MIOLO E RALADA
2 COLHERES (SOPA) DE UVAS-PASSAS BRANCAS
3 COLHERES (SOPA) DE GELEIA VERMELHA
2 A 3 RAMOS DE TOMILHO, SOMENTE AS FOLHAS
PIMENTA-DO-REINO MOÍDA NA HORA

Preaqueça o forno a 160 °C.

Coloque a manteiga, o açúcar, o vinagre, o sal e ½ xícara (125 ml) de água numa caçarola com tampa. Aqueça em fogo médio até que a manteiga derreta e os ingredientes estejam incorporados. Acrescente o repolho e misture até umedecer. Leve ao fogo até ferver, então tampe e leve ao forno para assar por 2 horas. Verifique de vez em quando e adicione água, se necessário.

Retire a travessa do forno e misture a maçã, as uvas-passas brancas e a geleia. Tampe e leve de volta ao forno por mais 10 a 15 minutos antes de servir com tomilho e pimenta-do-reino.

Rende 4 a 6 porções

Aspargos com PIMENTA, limão e hortelã

Como muitos outros vegetais verdes, os aspargos podem ficar bastante sem gosto, mas esta receita consegue dar a eles um toque delicioso. Grelhar com certeza ajuda, pois costuma ressaltar os sabores. Sempre considerei o caldo de limão siciliano um grande acompanhamento para o brócolis (ou, pelo menos, eu como muito mais quando ponho limão), e o mesmo acontece com este prato. A pimenta acrescenta um toque a mais. Se preferir, você pode substituir os flocos de pimenta calabresa por pimenta dedo-de-moça bem picada.

SAL
300 G DE TALOS DE ASPARGOS, SEM AS PONTAS DURAS
1 PUNHADO DE FOLHAS DE HORTELÃ BEM PICADAS
RASPAS (RETIRADAS EM TIRAS) E CALDO DE 1 LIMÃO SICILIANO
1 PITADA DE PIMENTA CALABRESA
SAL MARINHO E PIMENTA-DO-REINO MOÍDA NA HORA
ÓLEO DE CANOLA PARA UNTAR
PARMESÃO RALADO E LIMÃO SICILIANO PARA ACOMPANHAR

Rende 4 porções

Encha uma panela com água até a metade, adicione uma pitada de sal e leve ao fogo até ferver. Acrescente os aspargos e deixe cozinhar por 2 minutos. Escorra, coloque numa tigela de água gelada por 5 minutos. Escorra novamente e seque com papel-toalha.

Junte a hortelã, as raspas, o caldo de limão, a pimenta calabresa, o sal e a pimenta-do-reino; reserve.

Aqueça uma frigideira tipo grelha em fogo alto até começar a enfumaçar. Espalhe um pouco de óleo, então acrescente os aspargos escaldados. Baixe o fogo para médio e adicione metade da mistura de hortelã, limão e pimenta. Frite por 1 a 2 minutos ou até que fiquem levemente tostados, então vire os aspargos usando um pegador, acrescente o restante da mistura e frite o outro lado.

Transfira para uma travessa com os líquidos que ficaram na panela. Tempere com pimenta-do-reino e polvilhe queijo parmesão. Sirva com limão siciliano para espremer por cima.

MOLHO de cereja

Um molho simples, saboroso e versátil. Sirva como acompanhamento para cortes frios de carne de porco, carne de cordeiro ou carne de pato assada. Também combina com sorvete de chocolate ou baunilha.

300 G DE CEREJAS SEM CAROÇO
1/2 XÍCARA (125 ML) DE KIRSCH
2 COLHERES (SOPA) DE AÇÚCAR
1 COLHER (SOPA) DE CALDO DE LIMÃO ESPREMIDO NA HORA

Rende aproximadamente 1 xícara

Coloque todos os ingredientes numa panela de fundo espesso, leve ao fogo até ferver e deixe cozinhar em fogo médio até que o açúcar tenha se dissolvido. Baixe a temperatura e deixe cozinhar em fogo brando por 30 minutos, até reduzir e formar uma calda espessa e brilhante.

Coe, descartando qualquer pedaço grande de cereja, e deixe esfriar. Armazene num vidro esterilizado (ver p. 11) na geladeira por até um mês.

Relish BALSÂMICO de beterraba

Este *relish* é fantástico com todos os tipos de carne assada e fica ainda melhor no dia seguinte num sanduíche de carne fria. Descobri que cortar as beterrabas ao meio antes de assar faz com que a casca se solte facilmente da polpa — na verdade, para descascar você só vai precisar puxá-la.

2 MAÇOS DE BETERRABAS MÉDIAS-GRANDES (CERCA DE 8 A 10), APARADAS E CORTADAS AO MEIO
1/2 DE XÍCARA (100 ML) DE AZEITE
3 COLHERES (SOPA) DE VINAGRE BALSÂMICO
SAL MARINHO
1 CEBOLA ROXA PICADINHA
1/4 DE XÍCARA (55 G) DE AÇÚCAR MASCAVO
1/2 XÍCARA (125 ML) DE VINAGRE DE VINHO BRANCO
3 COLHERES (SOPA) DE CALDO DE LIMÃO SICILIANO
1 COLHER (CHÁ) DE FOLHAS DE TOMILHO

Rende 1 litro

Preaqueça o forno a 180 °C.

Coloque as beterrabas numa assadeira e regue com 1 colher (sopa) de azeite e vinagre balsâmico. Salgue e leve para assar por 50 minutos, até que estejam caramelizadas e tenras. Retire do forno e deixe esfriar por 10 minutos. Com luvas finas de borracha, para evitar que os sucos manchem seus dedos, remova a casca.

Num processador ou liquidificador, bata as beterrabas com 3 colheres (sopa) de azeite até que a mistura se torne uma polpa espessa.

Aqueça 1 colher (sopa) de azeite numa panela pequena em fogo médio e salteie a cebola até amolecer. Misture o açúcar, o vinagre e o caldo de limão. Adicione o purê de beterrabas e o tomilho e deixe cozinhar em fogo brando por 30 minutos, até reduzir levemente e se tornar um *relish*.

Armazene num vidro esterilizado (ver p. 11) na geladeira por até uma semana.

ANÉIS de CEBOLA assados com tomilho

Estas pequenas joias são supersimples e levam pouquíssimo tempo para preparar. O resultado são pequenos anéis de cebola, adocicados e com uma consistência incrível. Depois de cozidas, as cebolas simplesmente se separam em anéis. Acho difícil não beliscar direto do forno, especialmente as camadas externas, supercrocantes e caramelizadas. São ótimas para servir com hambúrguer ou qualquer tipo de carne grelhada ou assada.

8 A 10 CEBOLAS PÉROLA (GOSTO DE USAR CEBOLAS EM CONSERVA), SEM AS PONTAS, CORTADAS AO MEIO, NO SENTIDO DA LARGURA, COM CASCA
AZEITE PARA REGAR
SAL MARINHO E PIMENTA-DO-REINO MOÍDA NA HORA
4 A 5 RAMOS DE TOMILHO

Rende 6 porções

Preaqueça o forno a 180 °C.

Coloque as cebolas numa assadeira. Regue com azeite, tempere com sal e pimenta-do-reino e acrescente alguns ramos de tomilho. Leve para assar por 40 minutos ou até que as cebolas estejam caramelizadas e com a superfície crocante. Descasque (a casca deve sair facilmente com a primeira camada de cebola) e sirva.

Geleia de CEBOLA caramelizada

Esta geleia de cebola espessa, adocicada e muito saborosa é a base para minhas tortinhas de queijo de cabra e cebola caramelizada (*ver p.* 62), mas você pode servi-la com um bom queijo cheddar maturado ou espalhar num sanduíche de queijo.

4 CEBOLAS GRANDES DESCASCADAS, CORTADAS EM RODELAS FINAS
2 COLHERES (SOPA) DE AZEITE
FLOR DE SAL
3 COLHERES (SOPA) DE VINAGRE BALSÂMICO
(E UMA PEQUENA QUANTIDADE EXTRA, SE NECESSÁRIO)
1½ COLHER (SOPA) DE AÇÚCAR MASCAVO

Rende 1½ xícara (375 ml)

Coloque as cebolas numa panela grande e funda e regue com azeite. Com uma colher de pau, misture bem e tempere com uma pitada de sal. Refogue em fogo médio por cerca de 15 minutos ou até que amoleçam. Baixe o fogo e continue cozinhando por mais 30 minutos, mexendo sempre para raspar qualquer pedaço que se prenda no fundo da panela.

Misture o vinagre e o açúcar. Continue cozinhando em fogo baixo por mais 30 a 45 minutos, sempre raspando os pedacinhos do fundo da panela. Acrescente um pouco de vinagre se a geleia ficar muito viscosa — a consistência deve ser a de uma geleia espessa e deliciosa. Deixe esfriar.

Armazene num vidro esterilizado (*ver p.* 11) na geladeira por até uma semana.

Este prato é repleto de texturas contrastantes. A abóbora é assada com um aromático cominho e alecrim fresco e, em seguida, combinada com sementes de abóbora torradas crocantes (um de meus petiscos favoritos). Depois tudo é coberto com uma camada de *pangrattato*, a farinha de rosca italiana. Este é um bom acompanhamento para carne ou costelinha de porco assadas.

Abóbora picante com SEMENTES de ABÓBORA e pangrattato

3 COLHERES (SOPA) DE AZEITE
2 COLHERES (CHÁ) DE COMINHO EM PÓ
2 RAMOS DE ALECRIM, SOMENTE AS FOLHAS, BEM PICADAS
1 KG DE ABÓBORA JAPONESA DESCASCADA E EM CUBOS DE 2,5 CM
SAL MARINHO E PIMENTA-DO-REINO MOÍDA NA HORA
1/3 DE XÍCARA (65 G) DE SEMENTES DE ABÓBORA
1 COLHER (CHÁ) DE AZEITE

Pangrattato
2 COLHERES (SOPA) DE AZEITE
2 CEBOLAS ROXAS PEQUENAS EM CUBOS
1/2 XÍCARA (35 G) DE FARELOS DE PÃO
1 PUNHADO PEQUENO DE FOLHAS DE SÁLVIA PICADINHAS E MAIS ALGUMAS FOLHAS PARA DECORAR
1 PUNHADO PEQUENO DE FOLHAS DE SALSINHA LISA BEM PICADAS
SAL MARINHO E PIMENTA-DO-REINO MOÍDA NA HORA

Rende 4 porções

Preaqueça o forno a 240 °C.

Junte o azeite, o cominho e o alecrim numa tigela, então misture a abóbora. Tempere com sal e pimenta-do-reino e transfira para uma assadeira. Leve ao forno por 40 minutos, até que a abóbora esteja macia quando perfurada com um palito. Retire do forno. Baixe a temperatura para 200 °C. Cubra a abóbora para manter aquecida.

Espalhe as sementes de abóbora numa assadeira, tempere com sal e pimenta-do-reino e regue com azeite. Toste no forno por 10 a 15 minutos ou até que estejam douradas.

Enquanto isso, para preparar o *pangrattato*, aqueça o azeite numa frigideira em fogo médio. Acrescente as cebolas e refogue por 5 minutos, mexendo sempre. Acrescente a farinha de rosca e as ervas e frite, mexendo para cobrir com o azeite. Tempere com sal e pimenta-do-reino. Quando a farinha começar a dourar levemente (5 a 10 minutos), retire do fogo.

Para servir, coloque a abóbora assada numa travessa grande e polvilhe com as sementes de abóbora tostadas e o *pangrattato*.

Batatas assadas SUPERCROCANTES

Minha mãe fazia as melhores batatas assadas do mundo — eram supercrocantes e sequinhas. Por anos, tenho tentado reproduzi-las, e esta receita é resultado do que aprendi ao longo do caminho. Em primeiro lugar: uma vez que as batatas estejam pré-cozidas, escorra-as bem e leve de volta para a panela; em seguida, chacoalhe bem a panela para quebrar as batatas (você também pode dar umas garfadas, para que fiquem ainda mais crocantes). Em segundo lugar: nunca asse batatas em refratários de vidro ou cerâmica — asse em assadeiras de metal, para garantir que fiquem realmente crocantes. E finalmente: se elas forem grandes, corte ao meio ou em quatro; quanto mais bordas tiverem, mais crocantes ficarão.

8 BATATAS INGLESAS GRANDES DESCASCADAS
SAL
1/3 DE XÍCARA (80 ML) DE ÓLEO DE CANOLA OU GIRASSOL
2 RAMOS DE ALECRIM, SOMENTE AS FOLHAS
SAL MARINHO

Rende 4 a 6 porções

Preaqueça o forno a 220 °C.

Corte as batatas ao meio no sentido do comprimento, depois no sentido da largura. Encha uma panela grande até a metade com água fria e coloque o sal e os pedaços de batata. Leve ao fogo alto até ferver, depois baixe a temperatura e deixe cozinhar em fogo brando por 15 minutos ou até que uma faca possa ser inserida facilmente nas batatas, mas elas ainda estejam um pouco resistentes no centro. O ideal é deixá-las apenas pré-cozidas; se exagerar nesse estágio, as batatas ficarão moles.

Escorra e leve-as de volta à panela. Tampe e chacoalhe bem para quebrar as batatas; as arestas soltas e macias ficam realmente crocantes depois de assadas. Se quiser, você pode raspar com um garfo para deixá-las ainda mais crocantes.

Coloque o óleo numa assadeira funda e leve ao forno por 10 minutos, até ficar bem quente. Retire do forno e baixe a temperatura para 200 °C. Com cuidado, coloque as batatas no óleo quente, depois polvilhe com as folhas de alecrim e tempere com sal.

Leve de volta ao forno para assar por 50 minutos a 1 hora ou até que estejam realmente crocantes e douradas. Você pode virar as batatas na metade do tempo para garantir que dourem por igual.

Sirva bem quentes numa travessa e tempere com mais uma pitada de sal.

Relish de TOMATE picante

Rende 2 xícaras (1 vidro de 500 ml)

Adoro preparar *chutneys* — é fácil e considero um trabalho muito relaxante. *Chutneys* representam o melhor da culinária simples e rústica, utilizando as frutas e os legumes mais frescos que se possa encontrar. Este *relish* combina excepcionalmente bem com um queijo cheddar maturado, ou com os hambúrgueres australianos picantes da *p. 144*.

3 PUNHADOS GRANDES DE TOMATES-CEREJA
3 DENTES DE ALHO DESCASCADOS
AZEITE PARA REGAR
2 RAMOS DE TOMILHO, SOMENTE AS FOLHAS
SAL MARINHO E PIMENTA-DO-REINO MOÍDA NA HORA
400 G DE TOMATES PICADOS
3 CEBOLAS ROXAS PICADINHAS
³/₄ DE XÍCARA (180 ML) DE VINAGRE DE VINHO BRANCO
½ XÍCARA (110 G) DE AÇÚCAR MASCAVO
1 COLHER (CHÁ) DE MOSTARDA EM PÓ
½ COLHER (CHÁ) DE PIMENTA CALABRESA
½ COLHER (CHÁ) DE PIMENTA-DA-JAMAICA

Preaqueça o forno a 120 °C.

Coloque os tomates-cereja e o alho numa assadeira. Regue com azeite e polvilhe tomilho, sal e pimenta--do-reino. Leve para assar por 1h a 1h30, até que os tomates amoleçam e estejam queimadinhos.

Esprema a polpa dos dentes de alho assado e coloque numa panela com os tomates e os outros ingredientes. Leve ao fogo até ferver, baixe a temperatura e deixe cozinhar em fogo brando por 1 a 2 horas, até que o *relish* fique reduzido à metade ou a um quarto do volume. Retire do fogo e deixe esfriar um pouco.

Armazene num vidro esterilizado (*ver p. 11*) na geladeira por até uma semana.

Chutney de BERINJELA e pimentão assado

Esta é outra receita de *chutney* incrível que sempre preparo para acompanhar tábuas de queijos e frios. É praticamente infalível e facílima de fazer.

1 BERINJELA GRANDE
AZEITE PARA COZINHAR
SAL MARINHO E PIMENTA-DO-REINO MOÍDA NA HORA
3 PIMENTÕES VERMELHOS
3 CEBOLAS ROXAS BEM PICADAS
2 DENTES DE ALHO PICADINHOS
1 XÍCARA (250 ML) DE VINAGRE DE MAÇÃ
$^1/_2$ XÍCARA (110 G) DE AÇÚCAR
1 COLHER (CHÁ) DE PÁPRICA

Rende 3 xícaras (1 vidro de 750 ml)

Preaqueça uma churrasqueira ou grelha até ficar bem quente. Corte a berinjela no sentido do comprimento em fatias de 1 cm de espessura. Regue com azeite e polvilhe com sal. Grelhe ambos os lados até que a polpa esteja macia e dourada. Quando esfriar, retire a pele, corte cada fatia em pedaços grandes e coloque numa panela média.

Preaqueça o forno a 160 °C. Corte os pimentões ao meio no sentido do comprimento e retire os talos, as membranas e as sementes. Esfregue a pele com azeite. Coloque os pimentões, com a parte cortada para cima, numa assadeira e leve para assar por cerca de 1 hora ou até que a pele queime. Retire do forno, coloque numa tigela, cubra com filme e reserve por 10 minutos. Remova a pele queimada (eu uso luvas cirúrgicas para isso), depois corte o pimentão em pedaços e junte à panela com todos os outros ingredientes.

Leve ao fogo até ferver, mexendo ocasionalmente para evitar que os pedaços caramelizados grudem no fundo da panela. Baixe a temperatura e deixe cozinhar em fogo brando por 1h30 a 2h, mexendo de vez em quando, até engrossar e reduzir. Deixe esfriar.

Armazene num vidro esterilizado (*ver p.* 11) na geladeira por até uma semana.

Molho de ALCAPARRAS e hortelã

Rende aproximadamente 1 xícara (250 ml)

Sou uma grande admiradora do molho de hortelã da marca Colman's. Ele fez parte da minha infância, e eu poderia comê-lo direto do vidro com uma colher (tem gosto de vinagre — eu adoro). É muito difícil encontrá-lo aqui na Austrália, por isso fiquei determinada a preparar minha versão, igualmente boa — nada como preparar os próprios molhos para acompanhar seus pratos caseiros. Depois de muitas experiências, aqui está o resultado (aliás, é muito simples de fazer e combina com quase todos os tipos de carne assada, principalmente cordeiro).

3 PUNHADOS GRANDES DE FOLHAS DE HORTELÃ
1 COLHER (CHÁ) DE AÇÚCAR
2 COLHERES (SOPA) DE VINAGRE DE MAÇÃ
1 COLHER (SOPA) DE CALDO DE LIMÃO
1/4 DE XÍCARA (50 G) DE ALCAPARRAS SALGADAS E LAVADAS
SAL MARINHO E PIMENTA-DO-REINO MOÍDA NA HORA

Coloque todos os ingredientes num processador ou liquidificador e bata até que a hortelã esteja bem triturada. Leve à geladeira até a hora de usar.

PESTO

Rende aproximadamente 2 xícaras (1 vidro de 500 ml)

Este é um item básico excelente para se ter sempre à mão e usá-lo em massas ou sopas. Utilize o manjericão mais fresco possível e terá um molho verde vivo; tire o melhor azeite extravirgem da despensa para isso — vale a pena.

3 PUNHADOS GRANDES DE FOLHAS DE MANJERICÃO
1 1/4 DE XÍCARA (100 G) DE PARMESÃO RALADO
1/2 XÍCARA (75 G) DE *PINOLI*
1 XÍCARA (250 ML) DE AZEITE EXTRAVIRGEM
SAL MARINHO E PIMENTA-DO-REINO MOÍDA NA HORA

Coloque o manjericão, o parmesão e os *pinoli* num processador de alimentos ou liquidificador e bata enquanto rega com o azeite em fio. Continue batendo até ficar homogêneo; em seguida tempere com sal e pimenta-do-reino. Armazene num vidro esterilizado (*ver p.* 11) na geladeira por até uma semana.

CAPÍTULO Nº 7

Sobremesas

Musse de *limão* e gengibre com CROCANTE DE AVELÃS

Estas musses são deliciosamente ácidas e leves — perfeitas para dias de verão. Gosto de servi-las em potes de vidro antigos, de modelos diferentes. Também são excelentes sobremesas para levar em piqueniques, pois são populares e fáceis de transportar.

1½ XÍCARA (210 G) DE AVELÃS
8 BISCOITOS CHAMPANHE
300 ML DE CREME DE LEITE FRESCO
¼ DE XÍCARA (50 G) DE AÇÚCAR
1 PEDAÇO DE GENGIBRE DE 1 CM DESCASCADO E BEM RALADO (CERCA DE ¼ DE COLHER DE CHÁ DE GENGIBRE RALADO)
RASPAS E CALDO DE 1 LIMÃO SICILIANO E DE 1 LIMÃO TAITI, ALÉM DE UM POUCO MAIS DE RASPAS RETIRADAS EM TIRAS FINAS COM UM ZESTER, PARA SERVIR
2 CLARAS DE OVOS CAIPIRAS

Rende 6 a 8 porções

Preaqueça o forno a 180 °C. Despeje as avelãs numa assadeira e leve para assar por 10 minutos, até que fiquem levemente douradas.

Coloque os biscoitos champanhe num saco plástico de fechamento hermético (tipo zip) e, com um rolo de massa, esmague até formar farelos médios. Coloque 1¼ de xícara (175 g) de avelãs tostadas (reservando o restante para decorar) em outro saco e esmague bem usando o rolo; você também pode bater num pilão ou delicadamente num processador, se preferir. Junte os farelos de biscoito e de avelãs e misture bem, depois coloque uma colher (sopa) generosa em cada potinho, copo ou tigela para servir, e reserve.

Enquanto isso, misture o creme de leite, o açúcar, o gengibre e os caldos e as raspas de limão numa tigela grande até engrossar (a consistência deve ser semelhante à de um chantili leve). Bata as claras na batedeira até o ponto de neve e, com uma espátula ou uma colher grande, incorpore-as delicadamente à mistura de creme de leite. Despeje nos potinhos, copos ou tigelas para servir, e deixe firmar, na geladeira, por 3 a 4 horas.

Esmague grosseiramente ¼ de xícara (35 g) de avelãs, espalhe sobre cada superfície, polvilhe as raspas de limão em tirinhas e sirva.

BOLINHOS
de amêndoas
e framboesas

Apresentei estes bolinhos no blog há um ou dois anos e nunca recebi tantos elogios das minhas amigas (que dizem não saber cozinhar!). Elas adoram prepará-los para todo tipo de evento, inclusive chás de bebê, de panela e festas de noivado. Framboesas combinam muito bem com amêndoas, mas você também pode fazer com pêssegos, peras, ameixas ou cerejas.

10 CLARAS DE OVOS CAIPIRAS
300 G DE MANTEIGA SEM SAL DERRETIDA
1 1/2 DE XÍCARA (175 G) DE FARINHA DE AMÊNDOAS
2 XÍCARAS E MAIS 2 COLHERES (SOPA) DE AÇÚCAR DE CONFEITEIRO PENEIRADO, ALÉM DE UM POUCO MAIS PARA POLVILHAR
2/3 DE XÍCARA (100 G) DE FARINHA DE TRIGO PENEIRADA
250 G DE FRAMBOESAS E UM POUCO MAIS PARA SERVIR

Preaqueça o forno a 180 °C. Unte dezoito orifícios de duas fôrmas para muffins de silicone ou antiaderentes.

Bata as claras levemente por alguns segundos; não é necessário bater até o ponto de neve.

Acrescente a manteiga, a farinha de amêndoas, o açúcar de confeiteiro e a farinha de trigo e bata apenas até misturar bem. Despeje nas fôrmas, enchendo cada orifício até dois terços.

Coloque duas ou três framboesas sobre cada bolinho e leve para assar por 25 a 30 minutos, ou até que um palito inserido no centro de um bolinho saia limpo.

Polvilhe com açúcar de confeiteiro e sirva morno, com mais framboesas frescas, se desejar.

Rende 18 unidades

Esta é uma adaptação da receita de *pavlova* que recebi da minha amiga e colega Ali Irvine para usar no post do Natal de 2011. A receita de *pavlova* de frutas vermelhas da Ali foi um sucesso tão grande que me inspirou a fazer uma adaptação com pequenos "beijos" de suspiro individuais. Sempre adorei chocolate com framboesa, e essa combinação com um pouco de Amaretto é campeã. Para garantir suspiros perfeitos, lembre-se de esfregar a parte interna da tigela com o lado cortado de um limão siciliano e depois secar bem, antes de colocar as claras. A acidez vai remover qualquer resíduo de óleo, além de ajudar a estabilizá-las.

Beijos de suspiro de CHOCOLATE e framboesa

½ LIMÃO SICILIANO
4 CLARAS DE OVOS CAIPIRAS EM TEMPERATURA AMBIENTE
1 XÍCARA (220 G) DE AÇÚCAR
1 COLHER (CHÁ) DE EXTRATO DE BAUNILHA
1 COLHER (CHÁ) DE VINAGRE BRANCO
2½ COLHERES (CHÁ) DE AMIDO DE MILHO
125 G DE FRAMBOESAS, ESMAGADAS COM UM GARFO ATÉ QUE SE TORNEM UMA POLPA GROSSA
170 G DE CHOCOLATE AMARGO QUEBRADO EM PEDAÇOS PEQUENOS
2 XÍCARAS (500 ML) DE CREME DE LEITE FRESCO
1 COLHER (SOPA) DE AMARETTO

Rende aproximadamente **16** *unidades*

Preaqueça o forno a 140 °C. Forre duas assadeiras com papel-manteiga.

Esfregue a parte interna da tigela de uma batedeira com o lado cortado de um limão para remover qualquer traço de óleo. Coloque as claras e bata até que fiquem leves e aeradas. Acrescente o açúcar aos poucos, batendo em velocidade alta até dissolver e a mistura ficar espessa e brilhante. Adicione o extrato de baunilha e o vinagre, então peneire o amido sobre a mistura e bata levemente. Junte metade das framboesas esmagadas e incorpore delicadamente.

Coloque a mistura de suspiro num saco de confeiteiro e molde gotas de 3 a 4 cm nas assadeiras preparadas até usar todo o conteúdo. Leve para assar por 1 hora ou até que as bases dos suspiros estejam firmes, trocando as assadeiras de lugar depois de 30 minutos. Desligue o forno e deixe os suspiros ali dentro por 1 hora, depois retire e deixe esfriar completamente.

Enquanto isso, coloque o chocolate numa tigela refratária. Aqueça 1 xícara (250 ml) de creme de leite numa panela pequena em fogo médio até quase levantar fervura. Retire do fogo e despeje sobre o chocolate. Deixe descansar por 5 minutos antes de mexer. Leve o ganache de chocolate à geladeira por 30 a 40 minutos, ou até engrossar. Coloque metade do ganache num saco de confeiteiro.

Bata a xícara (250 ml) de creme de leite restante para formar picos firmes, depois adicione o Amaretto e misture com o restante do ganache e as framboesas. Coloque num segundo saco de confeiteiro.

Para rechear, molde uma camada de ganache de chocolate sobre o lado plano do suspiro, seguida por uma camada de creme de chocolate e framboesa, e junte com a parte plana de outro suspiro. Repita até acabar.

Leve à geladeira para resfriar por 15 a 20 minutos e sirva.

Torta de RUIBARBO

SOBREMESAS

Nº 245

Sei que no Brasil é muito difícil de encontrar ruibarbo... Sem problema. Ameixas ou cerejas, sem caroço e cortadas ao meio, funcionam perfeitamente nesta receita e não precisam de pré-cozimento. Basta colocar sobre o recheio de *frangipane* antes de assar.

Esta torta é a sobremesa básica para jantares com convidados na nossa casa, porque é possível preparar 90% dela horas antes do evento. Prepare o *frangipane* na noite anterior, se preferir, deixando-o na geladeira numa tigela coberta; retire uma ou duas horas antes de usar, para que ele amoleça antes de espalhar na massa. Faça o mesmo com o ruibarbo — você pode prepará-lo no dia anterior e reservar em seu próprio suco, numa pequena assadeira, até usar.

1 MAÇO GRANDE DE RUIBARBO APARADO OU 8 AMEIXAS FRESCAS GRANDES E CORTADO EM PEDAÇOS DE 10 CM
3 COLHERES (SOPA) DE AÇÚCAR
1 FOLHA DE MASSA FOLHADA
1 OVO CAIPIRA MISTURADO A 2 COLHERES (CHÁ) DE LEITE

Recheio de frangipane
75 G DE MANTEIGA SEM SAL
½ XÍCARA (60 G) DE AÇÚCAR
1¼ DE XÍCARA (125 G) DE FARINHA DE AMÊNDOAS
2 GEMAS DE OVO CAIPIRA
½ COLHER (CHÁ) DE EXTRATO DE BAUNILHA

Creme de baunilha
1 FAVA DE BAUNILHA, ABERTA E COM AS SEMENTES RASPADAS E RESERVADAS
300 ML DE CREME DE LEITE FRESCO BATIDO
2 COLHERES (CHÁ) DE AÇÚCAR

Rende 4 a 6 porções

Preaqueça o forno a 200 °C.

Para preparar o *frangipane*, coloque a manteiga, o açúcar, a farinha de amêndoas, as gemas e o extrato de baunilha numa tigela e misture com um mixer ou no processador. Leve à geladeira por 10 a 15 minutos ou até usar, com o cuidado de deixar amolecer e atingir a temperatura ambiente antes disso.

Se estiver usando ruibarbo, numa panela grande misture-o com açúcar e 2 xícaras (500 ml) de água. Leve ao fogo médio para ferver, então deixe cozinhar por 2 minutos ou até que o ruibarbo esteja tenro, mas não desmanchando. Com uma escumadeira, transfira para um prato e deixe esfriar. Ferva o líquido do cozimento em fogo médio por 5 a 7 minutos ou até formar uma calda.

Coloque a folha de massa sobre uma superfície limpa e marque bordas de 1,5 cm em todos os lados, com o cuidado de não cortar até atravessar. Fure a massa com um garfo, evitando as bordas. Com uma espátula, espalhe o *frangipane* uniformemente sobre a massa, sempre evitando as bordas.

Coloque os pedaços de ruibarbo ou as ameixas sobre o *frangipane* em fileiras. Pincele as bordas com a mistura de ovo, então leve ao forno para assar por 30 minutos ou até que a massa esteja assada e as bordas douradas.

Para preparar o creme de baunilha, misture as sementes de baunilha com o chantili. Acrescente o açúcar e incorpore delicadamente. Sirva a torta morna acompanhada com o creme de baunilha.

Inventei esta receita depois de uma sessão de fotos em que eu combinava ervas e frutas. Como acontece com muitas pessoas, eu não havia percebido que certas combinações de frutas e ervas podem ser maravilhosas. As laranjas sanguíneas (uma das minhas frutas favoritas), por exemplo, combinam particularmente bem com alecrim. Além disso, seu suco ajuda a preparar a cobertura de coloração mais bonita do mundo. Uma dica: quando a estação das laranjas sanguíneas estiver chegando ao fim, adquira quantas puder, esprema o suco em um recipiente hermético ou em pequenos sacos para congelar e mantenha no freezer para usar quando quiser. O suco congelado pode talhar um pouco ao descongelar, mas ainda assim estará bom para ser usado.

BOLO de LARANJA sanguínea e alecrim

Rende 8 a 10 porções

- 225 g de manteiga sem sal amolecida
- 1 xícara (220 g) de açúcar
- 2 colheres (chá) de Cointreau
- 3 ovos caipiras
- 1 laranja sanguínea descascada, sem a parte branca e cortada em gomos (ver p. 23)
- 1 laranja descascada, sem a parte branca e cortada em gomos (ver p. 23)
- 3 ramos de alecrim, somente as folhas
- 2 xícaras (300 g) de farinha de trigo peneirada
- 2 colheres (chá) de fermento em pó

Calda de laranja sanguínea
- Caldo de 2 laranjas sanguíneas
- Caldo de 2 laranjas
- 1 colher (sopa) de açúcar

Cobertura de laranja sanguínea
- Caldo de 1 laranja sanguínea
- 2 xícaras (320 g) de açúcar de confeiteiro peneirado

Preaqueça o forno a 180 °C e unte uma fôrma de 9 cm, com capacidade para 1,4 litro (você também pode usar uma fôrma para bolo desmontável de 22 cm).

Use uma batedeira para bater os ovos e misture a manteiga e o açúcar por 10 minutos, até obter um creme leve. Adicione também o Cointreau.

Bata a laranja sanguínea, a laranja e o alecrim num processador até que as folhas de alecrim estejam bem picadas e as laranjas formem uma polpa. Acrescente a mistura de manteiga e açúcar e bata em velocidade baixa até ficar homogênea.

Em outra tigela, misture a farinha e o fermento. Com a batedeira em velocidade baixa, adicione gradualmente a mistura de farinha à manteiga com açúcar, batendo entre as adições, até que tudo esteja bem incorporado.

Despeje a massa de bolo na fôrma preparada. Leve para assar por 45 minutos ou até que o bolo esteja dourado e um palito inserido no centro saia limpo.

Enquanto isso, para preparar a calda de laranja sanguínea, coloque os ingredientes numa panela e leve ao fogo para ferver, mexendo sempre. Baixe a temperatura e cozinhe em fogo brando, mexendo de vez em quando, por 10 a 15 minutos, ou até que o açúcar tenha dissolvido e a calda esteja reduzida a um terço. Mantenha aquecida até que o bolo esteja pronto.

Deixe o bolo esfriar um pouco antes de transferir para uma grade. Coloque um prato embaixo para aparar qualquer pingo, fure a superfície com um palito, espalhe a calda morna sobre o bolo e deixe que seja absorvida.

Faça a cobertura adicionando caldo de laranja sanguínea ao açúcar de confeiteiro até obter uma mistura homogênea. Regue o bolo frio com a cobertura e leve à geladeira para resfriar por 20 minutos antes de servir.

Tortinhas de ruibarbo, MASCARPONE e avelãs

Se preferir, você pode substituir o ruibarbo por cerejas, maçãs ou até mesmo figos. Estas tortinhas são maravilhosamente saborosas, graças à acidez das frutas, que é compensada perfeitamente pela doçura da massa e o toque crocante das avelãs tostadas. Prepare com antecedência e aqueça por 10 minutos no forno antes de servir.

1 RECEITA DE MASSA PODRE (VER P. 115)
$\frac{1}{3}$ DE XÍCARA (50 G) DE AVELÃS
$\frac{1}{4}$ DE XÍCARA (35 G) DE FARINHA DE TRIGO
2 COLHERES (SOPA) DE AÇÚCAR MASCAVO
3 COLHERES (SOPA) CHEIAS DE MASCARPONE
2 COLHERES (CHÁ) DE EXTRATO DE BAUNILHA
2 COLHERES (CHÁ) DE Frangelico
8 TALOS DE RUIBARBO, OU 6 MAÇÃS VERDES, CORTADOS EM PEDAÇOS DE 2,5 CM
3 COLHERES (SOPA) DE AÇÚCAR
AÇÚCAR DE CONFEITEIRO PARA POLVILHAR

Rende 4 unidades

Preaqueça o forno a 200 °C e unte quatro fôrmas para torta individuais antiaderentes (as que eu uso têm 13 cm de diâmetro).

Corte quatro círculos de massa grandes o bastante para forrar as fôrmas e pressione a base e os lados delas. Forre cada uma com papel-manteiga e use pequenos pesos para assar. Coloque as fôrmas numa assadeira grande e leve ao forno para pré-assar por 10 minutos ou até dourar. Com cuidado, levante e retire o papel e os pesos e volte ao forno por mais 5 minutos. Retire e deixe esfriar um pouco.

Espalhe as avelãs sobre uma assadeira e leve para assar por 6 a 8 minutos; a seguir retire as cascas, esfregando com um pano de prato limpo e seco. Bata num processador até adquirir consistência média-fina ou pique fino com a faca.

Junte a farinha, o açúcar mascavo, o mascarpone, a baunilha, o Frangelico e as avelãs numa tigela e misture bem para fazer uma pasta espessa.

Coloque o ruibarbo ou a maçã, o açúcar e $\frac{1}{2}$ xícara (125 ml) de água numa panela média e leve ao fogo até ferver. Cozinhe em fogo médio por 2 a 3 minutos. Retire com uma escumadeira e coloque as frutas numa tigela. Ferva o líquido do cozimento em fogo médio-alto por cerca de 10 minutos ou até que tenha reduzido em três quartos e se tornado uma calda espessa e brilhante.

Coloque uma colher (sopa) cheia da pasta de avelãs em cada base de torta e nivele. Cubra com o ruibarbo ou a maçã. Leve para assar por 30 minutos ou até que a massa esteja dourada e as frutas assadas.

Pincele a superfície das tortinhas com a calda, polvilhe com açúcar de confeiteiro e sirva.

Granita de LARANJA SANGUÍNEA, manga e pêssego

Uma delícia gelada, perfeita para o almoço de um dia de verão ou como sobremesa em um churrasco, esta granita, assim como a da *página* 286, é muito fácil e rápida de preparar. Pode ser feita horas antes de servir.

1 MANGA DESCASCADA, SEM CAROÇO,
  COM A POLPA PICADA
3 PÊSSEGOS MADUROS DESCASCADOS,
  SEM CAROÇO, PICADOS
2 XÍCARAS (500 ML) DE CALDO DE LARANJA SANGUÍNEA
CALDO DE 1 LIMÃO SICILIANO

Junte todos os ingredientes num processador e bata até obter uma mistura homogênea.

Coloque uma assadeira de pelo menos 4 cm de profundidade, que caiba numa prateleira do seu freezer, sobre uma superfície plana. Despeje a mistura numa peneira sobre a assadeira e pressione firmemente o conteúdo com as costas de uma colher, para passar o máximo possível da mistura. O que não passar deve ser descartado.

Com cuidado, transfira a assadeira cheia para o freezer e deixe congelar por pelo menos 4 horas. No momento de servir, raspe a mistura congelada com um garfo até formar uma neve de granita e sirva em taças altas ou tigelinhas de sobremesa.

Rende 4 porções

Sorvete de BAUNILHA com *butterscotch salgado* e amêndoas tostadas *com mel*

Pessoalmente, cheguei à conclusão de que, se vou mesmo preparar sorvete, tenho que ir fundo — usando leite integral, creme de leite integral etc. Caso contrário, honestamente, que graça tem?! Este sorvete é refinado, doce, intenso, cremoso, amendoado e caramelado, tudo em um só — desafio você a não começar a comê-lo enquanto prepara. Para melhores resultados, faça a mistura para o sorvete um dia antes de bater.

- 1 XÍCARA (140 G) DE AMÊNDOAS LAMINADAS
- ½ COLHER (CHÁ) DE AÇÚCAR
- 2 COLHERES (CHÁ) DE MEL
- 1 PUNHADO DE AMÊNDOAS TOSTADAS INTEIRAS, PARA SERVIR (OPCIONAL)

Sorvete de baunilha
- 1½ XÍCARA (375 ML) DE LEITE INTEGRAL
- 1 XÍCARA (220 G) DE AÇÚCAR
- 3 XÍCARAS (750 ML) DE CREME DE LEITE FRESCO
- 2 FAVAS DE BAUNILHA ABERTAS E COM AS SEMENTES RASPADAS E RESERVADAS

Butterscotch salgado
- ¾ DE XÍCARA (180 ML) DE CREME DE LEITE FRESCO
- ¾ DE XÍCARA (165 G) DE AÇÚCAR MASCAVO
- 50 G DE MANTEIGA SEM SAL EM CUBOS
- 1 PITADA DE FLOR DE SAL

Rende 1,5 litro

Preaqueça o forno a 180 °C.

Forre uma assadeira com papel-manteiga e espalhe as amêndoas. Polvilhe com açúcar e regue com mel. Leve para assar por 10 minutos ou até dourar. Retire do forno, agite e reserve até esfriar.

Para preparar o sorvete, bata o leite e o açúcar por 2 minutos, até que o açúcar tenha se dissolvido. Adicione o creme de leite e as sementes de baunilha e misture delicadamente para quebrar as sementes o máximo possível (mas não se preocupe muito se elas formarem torrões, pois a sorveteira cuidará disso ao bater). Deixe na geladeira da noite para o dia.

Para preparar o *butterscotch* salgado, coloque todos os ingredientes numa panela pequena e leve ao fogo médio até ferver, mexendo sempre. Baixe a temperatura e cozinhe em fogo brando por 10 minutos, mexendo de vez em quando, para evitar que grude; depois retire do fogo e deixe em temperatura ambiente para esfriar — a mistura engrossará aos poucos.

Retire a mistura para sorvete da geladeira e despeje na tigela da sorveteira. Bata por 25 a 30 minutos ou de acordo com as instruções do fabricante, até que a consistência esteja semelhante à de um sorvete espesso e macio.

Coloque 5 ou 6 colheres (sopa) de sorvete no fundo de um recipiente plástico, que possa ser congelado, com capacidade para 1,5 litro (eu uso um que mede 14 cm x 20 cm x 9 cm). Em seguida, adicione 1 ou 2 colheres (sopa) de *butterscotch* e incorpore delicadamente ao sorvete: o efeito será de ondas, e não uma camada. Polvilhe com um punhado de amêndoas tostadas com mel. Repita duas ou três vezes, até que todo o sorvete e o creme sejam usados, e cubra tudo com um punhado de amêndoas. Sirva imediatamente, em taças ou tigelinhas de sobremesa (se preferir um sorvete de consistência mais firme, congele por 1 a 2 horas antes de servir). Se quiser, polvilhe amêndoas tostadas para servir.

Sorvete de MORANGO, manjericão e PIMENTA-DO-REINO

Nº 254

Aqui está outro exemplo (ver o bolo de laranja sanguínea e alecrim da *p. 247*) de como uma combinação de frutas e ervas pode ser incrível. Este sorvete é preparado com manjericão e morango — um combo mágico. Achei que adicionar pimenta-do-reino talvez não fosse uma boa ideia, mas funcionou muito bem. E a cor é TÃO linda!

3 XÍCARAS (350 G) DE MORANGOS CORTADOS EM QUATRO
1 1/2 XÍCARA (330 G) DE AÇÚCAR
2 COLHERES (SOPA) DE CALDO DE LIMÃO SICILIANO
2 COLHERES (SOPA) DE CALDO DE LIMÃO
1 PUNHADO DE FOLHAS DE MANJERICÃO
1/2 COLHER (CHÁ) DE PIMENTA-DO-REINO MOÍDA NA HORA
1 1/2 XÍCARA (375 ML) DE LEITE INTEGRAL
3 XÍCARAS (750 ML) DE CREME DE LEITE FRESCO
1 FAVA DE BAUNILHA ABERTA E COM AS SEMENTES RASPADAS E RESERVADAS

rende 3 litros

Coloque os morangos numa tigela com 1/2 xícara (110 g) de açúcar e os caldos de limão. Misture bem, cubra com filme e leve à geladeira por 2 horas.

Adicione metade dos morangos macerados a um processador com as folhas de manjericão e a pimenta-do-reino. Bata por alguns minutos até formar uma polpa suculenta e reserve. Esmague o restante dos morangos macerados com um espremedor de batatas e reserve até usar.

Numa batedeira, misture o leite e a xícara (220 g) de açúcar restante por 2 minutos, até que o açúcar tenha se dissolvido. Acrescente o creme de leite, a polpa de morango e as sementes de baunilha, e incorpore delicadamente. Deixe na geladeira da noite para o dia, se possível, ou pelo menos de 6 a 8 horas.

Bata numa sorveteira por 25 a 30 minutos ou de acordo com as instruções do fabricante, adicionando os morangos esmagados 10 minutos antes do final do tempo de preparo.

Coloque em potinhos ou taças (se preferir um sorvete de consistência mais firme, congele por 1 a 2 horas antes de servir).

ONE HALF PINT
Mass. Standard Liquid Measure
Approved by the Director of Standards
for Massachusetts M-13

Conheci esta sobremesa por causa da minha cunhada, que a preparou com laranjas. Fiquei intrigada com os sabores e percebi que esta era uma ótima receita para um jantar com convidados, pois pode ser preparada com antecedência. Tive a inspiração para esta versão numa manhã de domingo, quando meu marido comprou cerca de trezentas tangerinas de um fazendeiro que bateu em nossa porta, vendendo seus produtos (e que, diga-se de passagem, falava MUITO alto para as 7h14 de uma manhã de domingo). Observe o caramelo enquanto cozinha — ele pode passar do ponto rapidamente, se você tirar os olhos dele. Em geral, eu o coloco no freezer para firmar, mas você pode deixá-lo descansar sobre a bancada — o processo será mais longo, porém o resultado é o mesmo.

Água de flor de laranjeira e algodão-doce *pashmak* que usei na foto estão disponíveis em algumas lojas de alimentos gourmet ou on-line.

TANGERINAS com caramelo de flor de LARANJEIRA e algodão-doce

1/2 XÍCARA (70 G) DE PISTACHES SEM CASCA
12 TANGERINAS DESCASCADAS E SEM AS MEMBRANAS BRANCAS
2 1/2 XÍCARAS (500 G) DE AÇÚCAR
1 COLHER (SOPA) DE ÁGUA DE FLOR DE LARANJEIRA
1 COLHER (CHÁ) DE EXTRATO DE BAUNILHA
1 PUNHADO DE ALGODÃO-DOCE DESFIADO
CHANTILI PARA SERVIR (OPCIONAL)

Rende 4 a 6 porções

Preaqueça o forno a 180 °C. Espalhe os pistaches numa assadeira e leve para assar por 10 minutos. Pique grosso.

Segure a tangerina sobre uma tigela para recolher o caldo e corte os gomos cuidadosamente, separando a membrana com uma faca afiada e deixando que caiam na tigela. Misture no caldo, depois organize num recipiente refratário. Polvilhe metade dos pistaches tostados, guardando o restante para decorar.

Leve o açúcar, a água de flor de laranjeira, o extrato de baunilha e 200 ml de água ao fogo até ferver, numa panela de fundo espesso. Não mexa: movimente a panela fazendo um redemoinho de vez em quando. Ferva por cerca de 20 minutos ou até que a calda de açúcar tenha engrossado e comece a dourar. Enquanto isso, forre com papel-manteiga uma assadeira, pequena o bastante para ser colocada no freezer.

Quando a calda de açúcar estiver dourada, regue três quartos dela sobre os pedaços de tangerina (tenha cuidado, pois elas ferverão com a calda superquente). Em seguida, leve à geladeira para resfriar. Despeje o restante da calda na assadeira preparada e incline-a para espalhar uniformemente (atenção: a assadeira fica muito quente). Transfira para o freezer e deixe firmar (por 10 a 15 minutos).

Depois que o caramelo endurecer, retire do freezer. Coloque um pedaço de papel-manteiga por cima e, usando um martelo ou rolo para massas, quebre em pedaços pequenos.

Para servir, deixe as tangerinas em temperatura ambiente, depois polvilhe com os pedaços de caramelo e o restante dos pistaches tostados. Cubra com o algodão-doce e sirva com chantili, se desejar.

FLORENTINAS de amêndoa e cereja

Estes docinhos são ótimos para servir com café em jantares com convidados. Eu uso um cortador de biscoitos de 5 cm de diâmetro para fazer florentinas pequenas, mas você pode fazê-las maiores ou menores, se desejar. Aqui vão duas dicas para tornar mais simples o preparo. É preciso cortar os biscoitos em círculos no momento exato — a massa não deve estar muito dura nem muito mole. Descobri, através de tentativa e erro, que o momento ideal para isso é 4 ou 5 minutos depois que a placa sair do forno. E você deve umedecer os cantos da assadeira com a mistura líquida, usando a ponta dos dedos, para prender o papel-manteiga.

3 XÍCARAS (450 G) DE CEREJAS SEM CAROÇO
1 COLHER (CHÁ) DE AÇÚCAR
2 XÍCARAS (220 G) DE AMÊNDOAS
100 G DE MANTEIGA EM CUBOS
2/3 XÍCARA (150 G) DE AÇÚCAR MASCAVO
1/2 XÍCARA (175 G) DE GLUCOSE DE MILHO
1 COLHER (CHÁ) DE AMARETTO (OPCIONAL)
2/3 DE XÍCARA (100 G) DE FARINHA DE TRIGO PENEIRADA
2 COLHERES (CHÁ) DE GENGIBRE EM PÓ
300 G DE CHOCOLATE AMARGO QUEBRADO EM PEDAÇOS PEQUENOS

Rende aproximadamente 30 unidades

Preaqueça o forno a 180 °C. Coloque as cerejas numa assadeira forrada com papel-manteiga e polvilhe com açúcar. Leve ao forno para assar por 50 minutos ou até que elas tenham murchado e caramelizado. Retire do forno e reserve para esfriar.

Enquanto isso, espalhe as amêndoas numa assadeira e leve ao forno para assar por 7 a 10 minutos. Deixe metade das amêndoas inteiras e pique grosseiramente a outra metade. Reserve ambas.

Coloque a manteiga, o açúcar de confeiteiro, a glucose de milho e o Amaretto, se desejar, numa panela em fogo médio até derreter. Retire-a do fogo e misture a farinha e o gengibre em pó.

Forre duas assadeiras grandes com papel-manteiga. Com cuidado, despeje metade da mistura no centro de uma delas e, usando uma espátula de confeiteiro, espalhe gradualmente, formando um retângulo de cerca de 2 a 3 mm de espessura, deixando 5 cm de espaço nas bordas, pois a mistura vai se espalhar enquanto assa. Repita com a segunda assadeira, usando o restante da mistura, então leve ambas ao forno e deixe assar por 5 minutos.

Retire do forno (nesse estágio, a mistura estará um pouco mais leve e grossa na parte central do que nas beiradas). Espalhe as cerejas, disponha as amêndoas inteiras e picadas por cima, leve de volta ao forno e asse por 12 a 15 minutos ou até que esteja borbulhando e dourada. Retire do forno e deixe esfriar por 4 a 5 minutos.

Começando das extremidades em direção ao centro, faça círculos usando um cortador de biscoitos. Coloque as florentinas numa assadeira forrada ou em pratos e leve à geladeira para resfriar enquanto você derrete o chocolate.

Forre sua bancada com papel-alumínio (isso facilita limpar depois) e coloque duas ou três grades em cima.

Encha uma panela pequena até a metade com água e leve ao fogo até levantar fervura. Coloque o chocolate numa tigela refratária pequena, que se encaixe perfeitamente na panela sem tocar a água, e aqueça em fogo baixo, mexendo de vez em quando, até derreter o chocolate. Com cuidado, retire a tigela do fogo e reserve.

Retire as florentinas da geladeira e mergulhe cada uma até a metade no chocolate derretido. Coloque sobre as grades e mantenha por 15 minutos. Transfira para assadeiras ou bandejas e leve à geladeira para resfriar por 1 hora ou até que o chocolate fique firme.

Cresci saboreando *pavlovas* e suspiros — mamãe os preparava muito bem. Na verdade, embora eu viva na Austrália, "lar da *pavlova*" (minhas desculpas a todos os neozelandeses de plantão, mas tenho que fazer esta afirmação, já que sou casada com um australiano), ainda acho que a da minha mãe era melhor.

É preciso ficar atento às condições em que você prepara os suspiros: não tente fazê-los caso o tempo esteja muito úmido e quente, ou provavelmente será um fiasco. Além disso, depois de bater, procure não deixar as claras sem uso por muito tempo — o segredo do suspiro é trabalhar rápido e levá-lo ao forno em seguida.

No. 262

Suspiros de CHOCOLATE da mamãe

1 COLHER (CHÁ) DE CREMOR DE TÁRTARO
1 COLHER (CHÁ) DE AMIDO DE MILHO
1 COLHER (SOPA) DE CAFÉ INSTANTÂNEO
1 COLHER (SOPA) DE CACAU EM PÓ E UM POUCO MAIS PARA POLVILHAR
100 G DE CHOCOLATE AMARGO BEM PICADO
½ LIMÃO SICILIANO
6 CLARAS DE OVOS CAIPIRAS, EM TEMPERATURA AMBIENTE
1½ XÍCARA (300 G) DE AÇÚCAR
1 COLHER (CHÁ) DE VINAGRE BRANCO
CHANTILI, PARA SERVIR

rende 12 unidades

Preaqueça o forno a 140 °C e forre duas assadeiras com papel-manteiga.

Coloque o cremor de tártaro, o amido, o café, o cacau e o chocolate numa tigela pequena, misture e reserve.

Esfregue a parte interna da tigela de uma batedeira com o lado cortado de um limão para remover qualquer traço de óleo. Coloque as claras e bata em velocidade média até começarem a espumar e formar picos suaves. Aumente a velocidade para média-alta e, aos poucos, adicione o açúcar, batendo até que a mistura fique espessa e muito brilhante, em ponto de neve. Acrescente os ingredientes secos e o vinagre, e incorpore-os delicadamente usando uma colher de metal grande (não mexa em excesso — cinco ou seis vezes são suficientes). Pegue colheres (sobremesa) cheias da mistura e coloque nas assadeiras preparadas.

Leve para assar no forno por 1 hora ou até que as bases estejam firmes. Desligue o forno, mas deixe os suspiros dentro para esfriar (use o cabo de uma colher de pau para manter a porta do forno entreaberta). Sirva com cacau polvilhado, acompanhados com chantili batido na hora.

SOBREMESAS

Nº 265

Pêssegos *assados com mel*

Item básico do "What Katie Ate" e uma das primeiras receitas que coloquei no blog, esta delícia é superfácil de preparar e agrada a todos — especialmente no *brunch* aos domingos. Troque os pêssegos frescos por ameixas ou peras, e as nozes-pecãs por amêndoas, se desejar.

10 PÊSSEGOS MADUROS CORTADOS AO MEIO, SEM CAROÇO
1 COLHER (SOPA) DE MEL
1/2 XÍCARA (80 G) DE AMÊNDOAS
2/3 XÍCARA (150 G) DE AÇÚCAR

Crème fraîche de baunilha (opcional)
1 XÍCARA (240 G) DE *CRÈME FRAÎCHE*
1 FAVA DE BAUNILHA ABERTA E
   COM AS SEMENTES RASPADAS E RESERVADAS

Rende 6 a 8 porções

Coloque os pêssegos, com os lados cortados para cima, numa assadeira e regue com o mel. Leve para assar por 20 a 30 minutos, até que amoleçam.

Enquanto isso, coloque as amêndoas em outra assadeira forrada com papel-manteiga e deixe assar por 7 a 10 minutos, até dourarem. Retire e reserve.

Se for preparar o *crème fraîche* de baunilha, junte o *crème fraîche* e as sementes de baunilha numa tigelinha. Mantenha na geladeira até usar.

Coloque 3 colheres (sopa) de água e o açúcar numa panela funda, de fundo espesso, e leve ao fogo até ferver — não mexa, apenas misture o conteúdo girando a panela de vez em quando. Baixe o fogo para médio e deixe cozinhar por cerca de 15 minutos, até que o açúcar tenha se dissolvido e a calda comece a ficar com uma coloração dourada média. Retire rápido do fogo e despeje sobre as amêndoas tostadas, cobrindo uniformemente (cuidado para não deixar que respingue na sua pele, pois estará superquente). Deixe o *praliné* esfriar e então bata no processador até ficar uma farofa grossa.

Retire os pêssegos do forno e coloque um pouco da farofinha de *praliné* no centro de cada um. Cubra com o *crème fraîche* de baunilha, se desejar, e polvilhe um pouco mais de *praliné* para servir.

JERSEY MAID VANILLA ICE CREAM

JERSEY MAID ICE CREAM COMPANY SYDNEY & MELBOURNE

Bolo de AVELÃ, café e Frangelico

SOBREMESAS

Nº 270

Este é, definitivamente, um bolo para ocasiões especiais. Embora leve mais tempo para preparar, posso garantir que o resultado vale o esforço — ele é de parar o trânsito. A areia de chocolate casa bem com a consistência do recheio de *buttercream*, mas você pode excluí-la, se desejar.

Se o seu ganache "talhar" (algo que já aconteceu comigo muitas vezes, geralmente quando esbanjei comprando um chocolate caro), é fácil remediar — basta misturar o ganache com um mixer e, em pouco tempo, ele estará novamente brilhante e acetinado.

$1^2/_3$ DE XÍCARA (250 G) DE AVELÃS
1 COLHER (SOPA) DE CAFÉ INSTANTÂNEO
$1/_3$ DE XÍCARA (80 ML) DE ÁGUA FERVENTE
300 G DE MANTEIGA SEM SAL AMOLECIDA
$1^1/_2$ XÍCARA (300 G) DE AÇÚCAR
6 OVOS CAIPIRAS LEVEMENTE BATIDOS
$1/_4$ DE XÍCARA (60 ML) DE FRANGELICO
2 COLHERES (SOPA) DE LEITE
3 XÍCARAS (450 G) DE FARINHA DE TRIGO
2 COLHERES (SOPA) DE FERMENTO EM PÓ
$1^1/_2$ COLHER (SOPA) DE CACAU EM PÓ
LICOR DE CHOCOLATE (OPCIONAL), PARA ACOMPANHAR

Buttercream de chocolate

375 G DE MANTEIGA SEM SAL AMOLECIDA
$1/_3$ DE XÍCARA DE AÇÚCAR DE CONFEITEIRO PENEIRADO
100 G DE CHOCOLATE AMARGO
3 COLHERES (SOPA) DE LEITE
2 COLHERES (SOPA) DE FRANGELICO

Areia de chocolate (opcional)

$1/_3$ DE XÍCARA (45 G) DE AVELÃS
50 G DE SUSPIRO (EU USO UM COMPRADO PRONTO)
50 G DE CHOCOLATE AMARGO (60% A 70% DE CACAU)

Ganache de chocolate

135 G DE CHOCOLATE AMARGO (60% A 70% DE CACAU) QUEBRADO EM PEDAÇOS PEQUENOS
$3/_4$ DE XÍCARA (180 ML) DE CREME DE LEITE FRESCO
1 COLHER (SOPA) DE FRANGELICO

Rende 8 a 10 porções

Método de preparo na próxima página . . .

Bolo de AVELÃ, café e Frangelico continuação...

Preaqueça o forno a 180 °C. Espalhe as avelãs numa assadeira e leve para assar por 10 minutos, até que fiquem levemente douradas, tendo o cuidado de não deixar queimar. Retire as cascas usando um pano de prato limpo e seco, e pique as avelãs grosseiramente. Reserve. (Se for preparar a areia de chocolate, asse mais 45 g de avelãs ao mesmo tempo, retire as cascas e reserve em outra tigela.)

Unte e forre três fôrmas redondas de fundo removível de 20 cm.

Dissolva o café instantâneo na água fervente, mexendo bem, e deixe esfriar. Com uma batedeira, bata a manteiga e o açúcar em velocidade média-alta por 8 a 10 minutos, até obter uma mistura bem leve, aerada e pálida. Baixe a velocidade para média e, aos poucos, acrescente os ovos batidos em quatro ou cinco partes. Continue batendo até incorporar. Adicione o Frangelico e o leite e bata por cerca de 1 minuto. Coloque a mistura fria de café e bata em velocidade baixa até ficar homogêneo.

Peneire a farinha, o fermento e o cacau numa tigela e misture. Em seguida, adicione à massa do bolo e bata até incorporar tudo. Coloque a massa nas fôrmas preparadas e nivele as superfícies. Leve para assar por 40 a 50 minutos, trocando as fôrmas de lugar durante o tempo de cozimento de maneira que assem por igual. Depois de prontos, os bolos devem estar dourados, e um palito inserido no centro deve sair limpo. Deixe esfriar um pouco antes de desenformar e transferir para grades até que esfriem completamente.

Para preparar o *buttercream* de chocolate, use uma batedeira para juntar a manteiga e o açúcar até a mistura ficar leve e pálida (cerca de 8 a 10 minutos). Enquanto isso, coloque uma panela pequena com água em fogo brando e derreta o chocolate numa tigela refratária pequena, que se encaixe perfeitamente na panela sem tocar a água, mexendo de vez em quando. Com cuidado, retire a tigela do fogo e deixe esfriar um pouco; a seguir despeje na mistura de manteiga e açúcar. Mexa, acrescentando o leite e o Frangelico.

Se decidir preparar a areia de chocolate, coloque 45 g de avelãs tostadas e os suspiros num processador e bata até obter uma farinha fina; transfira-a para uma tigela refratária média. Coloque uma panela pequena com água em fogo brando e derreta o chocolate numa tigela refratária pequena, que se encaixe perfeitamente na panela sem tocar a água, mexendo de vez em quando. Despeje o chocolate derretido sobre as avelãs e o suspiro e misture bem usando uma espátula. O resultado deve ficar parecido com, bem, areia de chocolate!

Para preparar o ganache, coloque o chocolate numa tigela refratária. Leve o creme de leite ao fogo baixo, numa panela pequena, até levantar fervura. Após ferver, retire do fogo e despeje sobre o chocolate. Deixe descansar por 5 minutos, depois mexa. Misture o Frangelico e reserve até usar.

Para montar o bolo, use uma faca de pão afiada para aparar as superfícies arredondadas das três massas, deixando-as planas para colocar o *buttercream*. Coloque o primeiro bolo (base) sobre uma superfície limpa e espalhe uma camada de *buttercream* por cima. Em seguida, polvilhe uma boa camada de areia de chocolate, se for usar. Cubra com o segundo bolo e repita os passos com o *buttercream* e a areia de chocolate. Cubra com o terceiro bolo. Usando uma espátula, cubra o bolo inteiro com uma camada fina de *buttercream* e leve à geladeira para resfriar. Depois de cerca de 15 minutos, retire da geladeira e cubra com o ganache de chocolate.

Leve de volta à geladeira para resfriar por mais 5 minutos, então retire e polvilhe as avelãs trituradas na superfície e nos lados. Se desejar, sirva regando com um pouco de licor de chocolate.

Musse de chocolate e café com UÍSQUE IRLANDÊS

No. 275

Uma das melhores sobremesas da mamãe era a musse de chocolate — era mesmo de outro mundo, nunca vou esquecê-la. Intensa, deliciosa, espessa, lisa e quase firme em algumas partes. Posso sentir seu sabor agora, enquanto escrevo. Tentei inúmeras vezes recriá-la, e esta receita é o mais próximo que consegui chegar. Adicionei uma boa quantidade de uísque irlandês — use o de melhor qualidade que puder encontrar. Também descobri que café instantâneo funciona melhor do que o forte café espresso. Sirva resfriado e coberto com chantili batido na hora, e eu garanto que todos vão querer repetir.

170 G DE CHOCOLATE AMARGO QUEBRADO EM PEDAÇOS PEQUENOS
170 G DE MANTEIGA SEM SAL
3 COLHERES (SOPA) DE CAFÉ INSTANTÂNEO,
MISTURADO COM 2 COLHERES (SOPA) DE ÁGUA QUENTE
4 OVOS CAIPIRAS SEPARADOS
²/₃ DE XÍCARA (150 G) DE AÇÚCAR, MAIS 1 COLHER (SOPA)
2 COLHERES (SOPA) DE UÍSQUE IRLANDÊS (OU RUM ESCURO)
CHANTILI PARA ACOMPANHAR

Rende 6 a 8 porções

Leve uma panela média com água ao fogo brando e derreta o chocolate, a manteiga e o café numa tigela refratária que se encaixe perfeitamente na panela sem tocar a água, mexendo de vez em quando. Com cuidado, retire a tigela do fogo e reserve. Mantenha a panela com água fervente longe.

Coloque alguns punhados de gelo numa tigela grande com água até a metade. Reserve em um local próximo.

Coloque uma tigela refratária, que caiba na tigela com gelo, sobre a panela de água fervente e acrescente quatro gemas, o açúcar, o uísque (ou rum) e 1 colher (sopa) de água fria. Usando um batedor de arame ou um mixer, bata por cerca de 3 minutos, até que a mistura engrosse, fique pálida e tenha a consistência de uma maionese mais líquida. Retire a tigela do fogo e coloque na tigela de água com gelo. Continue batendo por mais alguns minutos, até que a mistura engrosse e esfrie um pouco, tendo o cuidado de não deixar que entre água. Acrescente a mistura de chocolate e misture.

Bata as claras com uma pitada de sal até que fiquem em ponto de neve e aeradas. Acrescente uma colher (sopa) extra de açúcar e bata novamente, até ficar brilhante.

Adicione uma colher grande cheia de claras à mistura de chocolate e incorpore delicadamente. Aos poucos, acrescente o restante das claras, tendo o cuidado de não misturar em excesso.

Despeje em taças ou copos. Leve à geladeira e resfrie por 3 a 4 horas antes de servir. Sirva coberta com uma camada grossa de chantili.

Bolinhos de cenoura com *passas* ao COINTREAU

SOBREMESAS

Nº 277

Minha editora, Julie Gibbs, sempre leva umas delícias assadas para comermos em nossas reuniões. Um dia, ela chegou carregada de bolinhos de cenoura, e a partir do momento em que dei a primeira mordida fiquei obcecada por descobrir como fazer algo semelhante. Estes bolinhos são o resultado — suculentos, condimentados e realmente saborosos acompanhados de uma xícara de chá quente.

- ½ XÍCARA (80 G) DE UVAS-PASSAS BRANCAS
- CALDO DE 1 LARANJA
- 1 COLHER (SOPA) DE COINTREAU (OPCIONAL)
- ⅓ DE XÍCARA (75 G) DE AÇÚCAR MASCAVO
- ½ XÍCARA (125 ML) DE ÓLEO DE CANOLA
- ½ XÍCARA (125 ML) DE MEL E UM POUCO MAIS PARA REGAR (OPCIONAL)
- 3 OVOS CAIPIRAS
- 1 FAVA DE BAUNILHA ABERTA E COM AS SEMENTES RASPADAS E RESERVADAS
- ½ COLHER (CHÁ) DE GENGIBRE EM PÓ
- 1½ XÍCARA (225 G) DE FARINHA DE TRIGO
- 2 COLHERES (CHÁ) DE FERMENTO EM PÓ
- 1 COLHER (CHÁ) DE BICARBONATO DE SÓDIO
- 1 PITADA DE SAL
- 3 CENOURAS RALADAS
- 1 PUNHADO PEQUENO DE NOZES GROSSEIRAMENTE PICADAS

Cobertura de cream cheese

- 1 XÍCARA E 2 COLHERES (SOPA) (135 G) DE AÇÚCAR DE CONFEITEIRO
- 85 G DE MANTEIGA SEM SAL AMOLECIDA
- ⅓ DE XÍCARA (80 G) DE CREAM CHEESE
- 1 COLHER (SOPA) DE CREME DE LEITE FRESCO
- 1 COLHER (CHÁ) DE EXTRATO DE BAUNILHA

Rende 12 unidades

Coloque as uvas-passas brancas, o caldo de laranja e o Cointreau, se for usá-lo, numa tigela pequena e deixe na geladeira por toda a noite para macerar.

Preaqueça o forno a 180 °C. Unte uma fôrma de muffin de doze orifícios, de silicone ou antiaderente.

Coloque o açúcar mascavo, o óleo, o mel, os ovos e as sementes de baunilha numa tigela grande. Peneire o gengibre, a farinha, o fermento, o bicarbonato de sódio e o sal em outra tigela também grande. Adicione os ingredientes molhados aos secos e misture bem. Acrescente a cenoura ralada e as uvas-passas brancas hidratadas.

Despeje a mistura na fôrma preparada, enchendo três quartos de cada orifício. Leve para assar por 45 minutos ou até que um palito inserido no centro de um bolinho saia limpo. Desenforme os bolinhos e deixe esfriar sobre uma grade.

Para fazer a cobertura, bata todos os ingredientes na batedeira por cerca de 10 minutos, até que fique realmente leve e aerada.

Cubra os bolos frios, polvilhe nozes picadas e regue com mel, se desejar.

Se não for possível obter frutas vermelhas frescas para esta receita, use congeladas (pule o passo de cozinhar e apenas coloque as frutas congeladas na travessa com açúcar e baunilha). Procure usar extrato de baunilha em vez de essência, pois isso faz realmente muita diferença no sabor. Eu geralmente coloco o *praliné* no freezer para endurecer, mas você também pode deixá-lo descansar sobre a bancada — vai levar um pouco mais de tempo, porém o resultado será igualmente bom.

CRUMBLE de framboesa e AMORA

450 G DE AMORAS
170 G DE FRAMBOESAS
¼ DE XÍCARA (55 G) DE AÇÚCAR
1 COLHER (CHÁ) DE EXTRATO DE BAUNILHA
SORVETE PARA ACOMPANHAR

Crumble
50 G DE AMÊNDOAS
⅔ DE XÍCARA (150 G) DE AÇÚCAR
1 XÍCARA (125 G) DE FARINHA DE TRIGO INTEGRAL
115 G DE MANTEIGA GELADA SEM SAL EM CUBOS
2 COLHERES (CHÁ) DE AÇÚCAR MASCAVO

Rende 4 porções

SOBREMESAS

Nº 279

Preaqueça o forno a 200 °C.

Coloque todas as frutas vermelhas numa panela média com ½ xícara (125 ml) de água e o açúcar. Cozinhe em fogo brando por cerca de 10 minutos, até que comecem a amolecer. Acrescente o extrato de baunilha e mexa com cuidado. Despeje as frutas numa assadeira com capacidade para 1 litro (a minha mede 17,5 cm x 12,5 cm x 5,5 cm) e reserve.

Para a cobertura, leve as amêndoas ao forno para assar por 7 a 10 minutos, até dourar levemente, tendo o cuidado de não torrar demais (fique atento, pois elas podem queimar em segundos). Enquanto isso, escolha uma assadeira ou travessa que seja pequena o bastante para ser colocada numa prateleira de seu freezer, cubra com papel-manteiga e reserve.

Coloque ½ xícara (110 g) de açúcar e 2 colheres (sopa) de água numa panela pequena de fundo espesso e deixe cozinhar em fogo médio-baixo por 5 a 10 minutos, até que o açúcar comece a dissolver. Aumente o fogo e deixe ferver; em seguida cozinhe por 10 a 12 minutos — não mexa, apenas gire a panela de vez em quando, até que a mistura comece a dourar. Quando a calda estiver bem dourada e borbulhando, acrescente as amêndoas tostadas e movimente a panela para misturar. Então, rapidamente e com cuidado, vire o conteúdo na assadeira ou travessa preparada. Espalhe uniformemente com uma espátula de confeiteiro. Leve ao freezer e resfrie por 10 minutos ou até que o *praliné* fique bem duro; depois bata num processador ou liquidificador até virar uma farofa média-fina.

Coloque a farinha numa tigela e adicione a manteiga. Misture com as pontas dos dedos até que fique parecendo uma farofa fina. Adicione o ¼ de xícara (55 g) do açúcar restante e metade do *praliné* de amêndoas e misture.

Espalhe o *crumble* sobre as frutas vermelhas reservadas, coloque mais 1 ou 2 colheres (sopa) do *praliné* e polvilhe açúcar mascavo. Leve para assar por 30 a 40 minutos, até começar a borbulhar e dourar; em seguida retire do forno e cubra com o restante do *praliné*. Sirva morno, acompanhado de sorvete.

Esta receita de torta apareceu no blog em março de 2011, e eu tive um retorno tão grande que soube que teria de incluí-la no livro. Se não for possível comprar mirtilos frescos, use congelados (basta cozinhá-los por um pouco menos de tempo — cerca de 6 ou 7 minutos em vez de 10). Uma dica para abrir a massa para pré-assar: amasse e depois abra o papel-manteiga — fica muito mais fácil manuseá-la dessa maneira.

TORTA DE MAÇÃ, gengibre e mirtilos

5 MAÇÃS
½ XÍCARA (100 G) DE AÇÚCAR
1 PITADA DE GENGIBRE EM PÓ
RASPAS E CALDO DE 1 LIMÃO SICILIANO
300 G DE MIRTILOS
8 A 10 BISCOITOS DE GENGIBRE BEM ESFARELADOS
1 OVO CAIPIRA MISTURADO COM 1 COLHER (SOPA) DE LEITE
CREME DE LEITE PARA SERVIR

massa podre
1¼ DE XÍCARA (200 G) DE FARINHA DE TRIGO COM FERMENTO
2 XÍCARAS (320 G) DE FARINHA DE TRIGO COMUM
¼ DE COLHER DE SAL
250 G DE MANTEIGA SEM SAL RESFRIADA EM CUBINHOS

Rende 8 porções

Preaqueça o forno a 180 °C.

Para preparar a massa, peneire as farinhas e o sal numa tigela resfriada. Coloque a manteiga e misture com as pontas dos dedos, levantando a mistura bem acima da tigela para que permaneça fria e não fique grudenta; continue o processo até que ela fique parecida com uma farofa grossa. Faça um buraco no centro e, aos poucos, adicione 1 colher (sopa) de água fria, mexendo com uma faca de mesa fria e depois com as pontas dos dedos, até que a massa se una e comece a se soltar dos lados da tigela. Vire sobre uma superfície enfarinhada e sove delicadamente, até ficar uniforme. Achate a massa formando um disco, embrulhe em filme e leve à geladeira por 30 minutos.

Enquanto isso, descasque, retire o miolo e corte as maçãs em fatias de 1 cm. Coloque numa panela média e adicione 1 xícara (250 ml) de água e o açúcar, o gengibre em pó e as raspas de limão. Leve ao fogo até ferver, depois baixe a temperatura e deixe cozinhar em fogo médio por 15 minutos. Acrescente metade dos mirtilos e continue cozinhando em fogo brando por mais 10 minutos. Desligue o fogo e deixe esfriar na panela. Coe a calda num recipiente pequeno limpo e reserve as frutas.

Unte a base e os lados de uma fôrma redonda de fundo removível de 22 cm. Retire a massa da geladeira e separe ¼ para a cobertura. Abra o restante até ficar com 5 mm de espessura, forrando a fôrma e deixando sobrar um pouco nas bordas. Forre a massa com papel-manteiga e encha com pequenos pesos (como feijão) para assar. Pré-asse por 10 a 15 minutos ou até ficar dourada; então retire do forno com cuidado e remova o papel e os pesos. Deixe esfriar um pouco, depois cubra com uma camada de farelos de biscoito de gengibre e adicione a mistura de maçã e mirtilos. Cubra com o restante dos mirtilos.

Corte quatro ou cinco tiras de 21 cm x 2,5 cm do ¼ da massa que havia sido reservado e coloque sobre a torta, deixando um espaço de 1 cm entre cada uma. Corte mais quatro ou cinco tiras e coloque sobre a torta na direção contrária das primeiras, para formar um padrão quadriculado. Prenda as pontas nas bordas da base e pincele com a mistura de ovo.

Leve a torta para assar por cerca de 50 minutos ou até dourar. Enquanto isso, esprema o caldo de limão na panela com a calda de maçã e os mirtilos e ferva por cerca de 15 a 20 minutos, até que o líquido tenha reduzido pela metade. Reserve para esfriar.

Sirva a torta morna com a calda de maçã, os mirtilos e o creme de leite.

Desde que a receita deste bolo foi para o blog, em 2011, fiz alguns ajustes, que acho que o deixaram ainda melhor. Para preparar as raspas de chocolate, coloque-o na geladeira para resfriar completamente e use uma faca bem afiada para raspar um lado da barra. As adoráveis bandeirinhas que decoram o bolo foram um presente da encantadora Nikole Herriot, uma das mulheres mais legais do mundo dos blogs de culinária (confira suas criações no herriottgrace.com).

Bolo FUDGE de CHOCOLATE da Katie

6 OVOS CAIPIRAS
1 XÍCARA (220 G) DE AÇÚCAR
350 G DE CHOCOLATE AMARGO (200 G PICADO E O RESTANTE RESERVADO NA GELADEIRA)
½ XÍCARA (75 G) DE FARINHA DE TRIGO PENEIRADA
5 COLHERES (SOPA) DE CACAU EM PÓ PENEIRADO

Buttercream de chocolate e café
300 G DE MANTEIGA SEM SAL AMOLECIDA
½ XÍCARA (155 G) DE AÇÚCAR DE CONFEITEIRO PENEIRADO
170 G DE CHOCOLATE AMARGO
1 COLHER (CHÁ) DE EXTRATO DE BAUNILHA
1 COLHER (SOPA) DE CAFÉ INSTANTÂNEO FORTE, PREVIAMENTE MISTURADO

Rende 8 a 10 porções

Preaqueça o forno a 180 °C; unte e forre com papel-manteiga duas fôrmas redondas de fundo removível de 20 cm.

Na batedeira, bata os ovos por 5 minutos em velocidade média, até ficarem pálidos e espumosos. Acrescente o açúcar e continue batendo, até a mistura ficar espessa e clara. Enquanto isso, coloque uma panela pequena com água em fogo brando e derreta o chocolate numa tigela refratária pequena, que se encaixe perfeitamente na panela sem tocar a água, mexendo de vez em quando.

Usando uma colher de metal grande, incorpore delicadamente a farinha e o cacau à mistura de ovos e açúcar, depois o chocolate derretido, e misture bem. Despeje nas fôrmas preparadas e leve para assar por cerca de 20 minutos ou até que um palito inserido no centro saia limpo. Retire os bolos do forno e deixe esfriar um pouco antes de desenformar e transferir para grades de maneira que esfriem completamente.

Para preparar o *buttercream*, bata a manteiga e o açúcar de confeiteiro numa tigela até obter uma mistura homogênea e cremosa. Enquanto isso, coloque uma panela pequena com água em fogo brando e derreta o chocolate numa tigela refratária pequena, que se encaixe perfeitamente na panela sem tocar a água, mexendo de vez em quando. Retire do fogo e adicione a baunilha e o café ao chocolate derretido e mexa; a mistura começará a formar grumos, mas não se preocupe. Junte à mistura de manteiga e açúcar, batendo delicadamente, até ficar brilhante e uniforme.

Corte as partes arredondadas de cima dos bolos para nivelá-los para o *buttercream*. Com uma espátula, espalhe uma porção de *buttercream* sobre o primeiro bolo em direção às bordas. Cubra com o segundo bolo, então confeite a superfície e os lados. Usando uma faca afiada, faça raspas com o chocolate resfriado e espalhe sobre o bolo.

Bolo de chocolate
FÁCIL

Esta é a receita que meu marido Mick me deu na época em que começamos a namorar. Ela veio de seu livro de receitas, uma coleção que acumulou ao longo dos anos durante suas viagens, ou que foram passadas a ele por membros da família. Esta é uma receita da mãe dele, e é praticamente impossível de errar. O bolo é molhadinho e delicioso, e pode ser servido apenas com creme de leite ou com algumas framboesas frescas. Se quiser servi-lo para crianças, você pode substituir o licor por 2 colheres (sopa) de leite.

3 BISCOITOS CHAMPANHE ESMAGADOS
300 G DE CHOCOLATE AMARGO QUEBRADO EM PEDAÇOS PEQUENOS
150 G DE MANTEIGA SEM SAL AMOLECIDA
$3/4$ DE XÍCARA (165 G) DE AÇÚCAR
4 OVOS CAIPIRAS
$1^{1}/_{4}$ DE XÍCARA (155 G) DE FARINHA DE AMÊNDOAS
150 G DE MASCARPONE
3 COLHERES (SOPA) DE LICOR FRANGELICO
AÇÚCAR DE CONFEITEIRO, RASPAS DE CHOCOLATE
E CREME DE LEITE FRESCO PARA ACOMPANHAR

Rende 8 a 10 porções

Preaqueça o forno a 180 °C. Unte e forre com papel-manteiga uma fôrma redonda de fundo removível de 22 cm. Polvilhe com 1 colher (sopa) de biscoitos champanhe esmagados, suficiente apenas para cobrir a base da fôrma.

Coloque uma panela pequena com água em fogo brando e derreta o chocolate numa tigela refratária pequena, que se encaixe perfeitamente na panela sem tocar a água, mexendo de vez em quando. Com cuidado, retire do fogo e reserve.

Na batedeira, bata a manteiga com o açúcar até a mistura ficar leve e volumosa. Adicione os ovos, um a um, batendo bem depois de cada adição — não entre em pânico se nesse estágio a mistura ficar parecida com ovos mexidos. Acrescente o restante dos biscoitos champanhe, a farinha de amêndoas, o chocolate derretido, o mascarpone e o Frangelico. Bata até ficar homogêneo.

Despeje a mistura na fôrma preparada e leve para assar por 55 a 65 minutos, até que se forme uma crosta na superfície do bolo e as bordas estejam firmes — um palito inserido no centro deve sair limpo. Cuidado para não assar demais, pois o centro do bolo deve permanecer um pouco úmido.

Polvilhe açúcar de confeiteiro no bolo frio e salpique raspas de chocolate antes de fatiar e servir com uma generosa porção de creme de leite.

Tive a inspiração para esta granita depois de uma viagem para Nova York, em 2011. Durante o período que estive lá, encontrei minha amiga Melina Hammer para jantar. Ela foi um dos primeiros contatos que fiz no mundo dos blogs, quando comecei o "What Katie Ate". Melina me apoiou bastante, e fico muito feliz que mantivemos contato. Sempre nos encontramos para tomar algo e jantar quando estou na vizinhança. Ano passado, Melina gentilmente me presenteou com algumas guloseimas que comprou na lojinha da fábrica de doces local — eles tinham sabor de melancia, pimenta e sal, e eu achei a combinação uma fabulosa ideia para uma sobremesa. Depois de pronta, esta granita pode ser conservada no freezer por três dias.

GRANITA de melancia, sal e pimenta

750 G DE MELANCIA SEM SEMENTES, SEM CASCA E PICADA GROSSO
1 COLHER (SOPA) DE CALDO DE LIMÃO
¼ DE COLHER (CHÁ) DE SAL
¼ DE COLHER (CHÁ) DE PIMENTA CALABRESA MAIS 1 PITADA

rende 4 porções

Coloque todos os ingredientes num processador e bata até que a mistura adquira uma consistência pastosa.

Coloque sobre uma superfície plana uma assadeira de pelo menos 4 cm de profundidade, que caiba numa prateleira de seu freezer. Despeje a mistura numa peneira sobre a assadeira e pressione firmemente o conteúdo com as costas de uma colher para passar o máximo da mistura possível. O que não passar deve ser descartado.

Com cuidado, transfira a assadeira para o freezer e congele por 4 horas. Para consumir, raspe com um garfo, formando uma neve de granita, e sirva.

COLD DRINKS ICE CREAMS

Obrigada!

Criar este livro foi uma jornada incrível para mim, do princípio ao fim: em cada trecho do caminho, cresci e aprendi muitas lições valiosas. Meu agradecimento número um tem que ir para meu marido e melhor amigo, Mick. Sem ele, eu não poderia fazer o blog como faço, ou ter escrito e fotografado o material para este livro no tempo em que fiz. Me sinto abençoada por sua paciência, sua enorme generosidade com o tempo livre e seu apoio infinito e às vezes espantoso. Mick é uma grande parte deste livro e, se algum dia houver uma categoria olímpica para "lavar louça nos fins de semana e ir e vir do supermercado inúmeras vezes quando sua mulher se esquece de comprar farinha (de novo)", então, Mick, você será o campeão mundial (além de ser o melhor modelo de mão e de braço da Austrália!). Amo você eternamente, e muito, muito obrigada. Beijos!

Sem a maravilhosa Julie Gibbs, não haveria o livro *Quando Katie cozinha*. Obrigada, Julie, por perceber o potencial do blog e por me oferecer esta oportunidade. Você é verdadeiramente inspiradora no que faz, e seu apoio tem sido incrível. Sendo uma irlandesa perfeccionista, teimosa e orgulhosa como sou (e você sabe bem!), eu agradeço por sempre me defender e, não posso esquecer, por sempre levar os doces mais INACREDITÁVEIS para nossas reuniões!

Virginia Birch, minha diligente e atenciosa editora, você segurou minha mão durante esta jornada sem me fazer sentir pressionada em momentos em que eu estava prestes a explodir por causa de trabalho e pressões do dia a dia. Obrigada por localizar todos os minúsculos detalhes que apenas os melhores profissionais poderiam observar. Tem sido uma alegria trabalhar com você. Katrina O'Brien, obrigada por ser essa organizadora soberba que você é, foi ótimo saber que estaria sempre lá para quaisquer perguntas que eu pudesse ter ao longo do caminho. Para a designer Emily O'Neill, obrigada por todo o trabalho árduo e a perseverança ao lidar com uma ex-designer pedante, cheia de "Faço isso há doze anos!". As bebidas são por minha conta! Agradeço também à equipe de design da Penguin por sua assistência fantástica nos últimos dias do processo de criação do livro.

A todo o grupo da Penguin Austrália e Estados Unidos, eu não poderia ter sonhado com melhores profissionais para trabalhar comigo em meu primeiro livro de receitas. Me sinto honrada por estar ligada a uma empresa tão respeitada e estabelecida. Obrigada à HarperCollins UK e à Hachette Livre na França por embarcarem no projeto *Quando Katie cozinha*. Colm Halloran é um amigo querido. Colm, você sempre acreditou em mim, me apoiou e, o mais importante, tem sido um amigo incrível todos esses anos. Serei sempre grata por seus conselhos constantes e por seu apoio e amor incondicionais. A minha grande amiga, a encantadora Siobhán, serei sempre agradecida por sua orientação criativa. A Madeleine Mouton, por ser minha assistente número um (incrível) e por me dar a receita de limonada de sua avó. Ao primeiro e único Georgie, por seu apoio com os acessórios e sua infinita paciência quando eu me esquecia de devolver seus guardanapos (!). É uma alegria trabalhar com você, seu comportamento descontraído e fácil torna tudo mais leve, e faz com que uma escritora/preparadora/designer/fotógrafa alucinada fique um pouco menos ansiosa. Também quero agradecer a você, Alan Benson, um dos fotógrafos mais inacreditavelmente talentosos e humildes que já conheci. Alan, você foi uma benção e um grande apoio para mim quando me mudei para Sydney, e sua ajuda infinita será sempre lembrada.

Agradeço a todos os meus amigos que me ajudaram e apoiaram nos últimos dois anos. Vocês podem não ter se dado conta, mas compartilharam esta jornada comigo quando perguntavam: "Como vai indo o livro?". Uma pergunta tão simples, mas imensamente apreciada. Agradeço a todas as pessoas que se tornaram parte deste livro compartilhando suas receitas comigo: Bob e Sheila Davies, Michael e Michelle do restaurante love.fish em Sydney, e Jill, em Brisbane, por sua fantástica receita vegetariana. Um agradecimento especial a você, Mark Boyle, por ser o primeiro a me encorajar a começar o blog: sem a sua persistência, nada disso teria sido possível. Também agradeço a Peta Dent por seu auxílio testando as receitas: seus comentários e ideias foram inestimáveis.

Principalmente, agradeço a todos os inacreditáveis e sempre presentes leitores do meu blog "What Katie Ate". Sem vocês, este livro não existiria. Agradeço a vocês, do fundo do coração, por seguir minha jornada e sempre me lembrar de que estavam ali, em algum lugar do mundo, esperando ansiosamente por meu próximo post (e sendo muito pacientes quando alguns tomavam mais tempo do que eu imaginava!). Espero que vocês, principalmente, gostem deste livro.

Katie x

Índice

A

abóbora
Abóbora picante com sementes de abóbora e pangrattato 225
Ravióli de abóbora com molho de manteiga e nozes-pecãs 150, 152
Salada de sementes de abóbora tostadas e agrião com ovo de pata frito 81

agrião
Perca-gigante com salada de rabanete, vagem e agrião 68
Salada de sementes de abóbora tostadas e agrião com ovo de pata frito 81

alcaparras
Molho de alcaparras 96
Molho de alcaparras e menta 233

álcool 10
veja também calvados; Cointreau; Frangelico; Guinness; uísque irlandês; vodca

alecrim
Bolo de laranja sanguínea e alecrim 247
Filé de costela com manteiga de anchovas e batatas com alecrim 185

algodão-doce
Tangerinas com caramelo de flor de laranjeira e algodão-doce 258

alho-poró
Torta de peixe da Katie com cobertura de bacon crocante e alho-poró 141
Wraps gourmet de frango com maionese de chipotle, vinagrete e salada 160-1

amêndoa
Crumble de framboesa e amora 279
Florentinas de amêndoa e cereja 261
Muffins de morango, maçã e amêndoa 26
Recheio frangipane 245
Sorvete de baunilha com *butterscotch* salgado e amêndoas tostadas com mel 253

amoras
Crumble de framboesa e amora 279
Anéis de cebola assados com tomilho 223

arroz
Frango ao molho de limão e arroz com ervas 167
Risoto de cogumelo e bacon com ovo pochê 168
Risoto de frango pochê com azeite trufado e estragão 190
Salada de arroz selvagem, menta e grão-de-bico com molho de vinagre de maçã 100

aspargos
Aspargos com pimenta, limão e menta 219
Batatas baby com aspargos ao molho de alcaparras 96
Salada de quinoa e lentilha com aspargos, menta e queijo de coalho 99

avelãs
Bolo de avelã, café e Frangelico 270, 272
Cenouras baby com tomilho, avelãs e vinho branco 206
Musse de limão e gengibre com crocante de avelãs 238
Suspiros de chocolate da mamãe 262

Tortinhas de ruibarbo, mascarpone e avelãs 249

azeite trufado
Risoto de frango pochê com azeite trufado e estragão 190

B

bacon e pancetta
Brócolis com pancetta, nozes e limão 200
Risoto de cogumelo e bacon com ovo pochê 168
Salada de fregola com bacon, ervilhas baby e limão siciliano 103
Salada de pancetta caramelizada, queijo feta e molho balsâmico 86
Torta de peixe da Katie com cobertura de bacon crocante e alho-poró 138, 141
Tortinhas australianas de carne e bacon 115

batatas
Batatas assadas supercrocantes 226
Batatas baby com aspargos ao molho de alcaparras 96
Batatas com alho gratinadas 212
Filé de costela com manteiga de anchovas e batatas com alecrim 185
Ovos assados com batata, presunto cru e pimenta chili 29
Patatas bravas com presunto e ovo 74
Purê de batatas 138, 141
Purê irlandês da Katie 214
Salada de chorizo e batata com rúcula e lascas de queijo manchego 82
Torta madalena com queijo e alho 162

baunilha
Creme de baunilha 245
Crème fraîche de baunilha 265
Sorvete de baunilha com *butterscotch* salgado e amêndoas tostadas com mel 253

bebidas
Coquetel de vodca com maçã gengibre e cranberry 111
Cordial de limão da Madeleine 125
Smoothie de banana, morango e gengibre 18
Beijos de suspiro de chocolate e framboesa 243

berinjela
Pimentão tostado e chutney de berinjela 230

beterraba
Relish balsâmico de beterraba 220

biscoitos e cookies
Biscoito de parmesão com pesto e tomate 116
Florentinas de amêndoa e cereja 261
Torradas de pão sírio 211
Bolinhos de caranguejo com maionese rosa picante 119

bolos
Bolinho de framboesa 240
Bolinhos de cenoura com passas ao Cointreau 277
Bolo de avelã, café e Frangelico 270, 272
Bolo de chocolate fácil 285
Bolo de laranja sanguínea e alecrim 247
Bolo fudge de chocolate da Katie 282

bolos, tortas e salgados
Rolinho vegetariano da Jill 194
Rolinhos de porco, maçã e pistache 126
veja também tortas

brócolis
Brócolis com pancetta, nozes e limão 200

butterscotch
Butterscotch salgado 253

C

calvados
Galeto com recheio de castanha ao molho de calvados 183
Salada de pancetta caramelizada, queijo feta e molho balsâmico 86

camarões
Camarões assados na brasa com molho tailandês 55
Camarões refogados 45
Fettuccine com camarão, creme de leite e tomate seco 142

caramelo
Tangerinas com caramelo de flor de laranjeira e algodão-doce 258

caranguejo
Bolinhos de caranguejo com maionese rosa picante 119
Caranguejo picante refogado 189

carne
Carne assada com gremolata de ervas e pimenta 51
Curry de carne retrô da Sheila (c. 1974) 147
Filé de costela com manteiga de anchovas e batatas com alecrim 185
Hambúrgueres australianos picantes 144
Hambúrgueres de carne bovina e suína 108
Torta de carne e cerveja 135
Torta madalena com queijo e alho 162
Tortinhas australianas de carne e bacon 115
Carne 11
veja também bacon e pancetta; carne; frango; presunto e presunto cru; cordeiro
Carne assada com gremolata de ervas e pimenta 51

cebolas 10
Anéis de cebola assados com tomilho 223
Geleia de cebola caramelizada 223
Tortinhas de queijo de cabra e cebola caramelizada com calda balsâmica 62

cenouras
Bolinhos de cenoura com passas ao Cointreau 277
Cenouras baby com tomilho, avelãs e vinho branco 206

cereais
Granola tostada do Bob 37

cerejas
Florentinas de amêndoa e cereja 261
Molho de cereja 220

chocolate 10, 11
Beijos de suspiro de chocolate e framboesa 243
Bolo de avelã, café e Frangelico 270, 272
Bolo de chocolate fácil 285

índice

Bolo fudge de chocolate da Katie 282
Musse de chocolate e café com uísque irlandês 275
Suspiros de chocolate da mamãe 262
chorizo; salame
chutneys *veja* relishes e chutneys
cobertura
Cobertura de cream cheese 277
Cobertura de laranja sanguínea 247
Cobertura crocante 279
Cobertura de purê com queijo e alho tostado 162
cogumelos
Canelone com frango, cogumelos e nozes 179
Cogumelos na torrada com nozes e queijo de cabra 35
Risoto de cogumelo e bacon com ovo pochê 168
Cointreau
Bolinhos de cenoura com passas ao Cointreau 277
condimentos
Abóbora picante com sementes de abóbora e pangrattato 225
Galeto com tempero picante e limão grelhado 64
Pizza de carne de cordeiro picante com molho de iogurte e menta 175
Relish de tomate picante 228
Salada de cevada pérola e frango temperada com harissa 85
Sorvete de morango, manjericão e pimenta-do-reino 254
veja também pimenta chili
cookies *veja* biscoitos e cookies
coquetéis
Coquetel de vodca com maçã, gengibre e cranberry 111
cordeiro
Cordeiro assado com queijo feta 193
Pizza de carne de cordeiro picante com molho de iogurte e menta 175
Cordial de limão da Madeleine 125
Costelinha de porco com *ginger ale* 170
cranberry
Coquetel de vodca com maçã, gengibre e cranberry 111
crème fraîche
Crème fraîche de baunilha 265
Pão irlandês com salmão defumado e wasabi 52
crepes
Crepes com compota cítrica 23
Crostini de feijão-branco, presunto cru e alho tostado 112
Crumble de framboesa e amora 279
curries
Curry de carne retrô da Sheila (aproximadamente 1974) 147

D
damasco
Porco assado com recheio de maçã, damasco e pistache 136

E
erva-doce
Salada de repolho roxo e erva-doce com iogurte de estragão e limão 88
ervas
Carne assada com gremolata de ervas e pimenta 51
Frango ao molho de limão e arroz com ervas 167
Molho de ervas e limão 193
Pizza de labna, tomates semissecos e molho verde 172
veja também manjericão; menta; alecrim; estragão
ervilhas
Ervilhas baby com menta 202
Salada de fregola com bacon, ervilhas baby e limão siciliano 103
espinafre
Ovos mexidos extracremosos da Katie com salmão defumado e espinafre 30
esterilizando vidros e garrafas 11
estragão
Iogurte de estragão e limão 88
Risoto de frango pochê com azeite trufado e estragão 190
extraindo o suco de limão 10

F
feijão *veja também* feijão-branco; vagem
feijão-branco
Canelone com frango, cogumelos e nozes 179
Crostini de feijão-branco, presunto cru e alho 112
Pasta de feijão-branco, grão-de-bico e alho 211
Feijões com torradas 21
feta
Cordeiro assado com queijo feta 193
Salada de pancetta caramelizada, queijo feta e molho balsâmico 86
Fettuccine com camarão, creme de leite e tomate seco 142
Filé de costela com manteiga de anchovas e batatas com alecrim 185
filé *veja* carne
framboesas
Beijos de suspiro de chocolate e framboesa 243
Bolinhos de framboesa 240
Frangelico
Bolo de avelã, café e Frangelico 270, 272
frango
Canelone com frango, cogumelos e nozes 179
Frango ao molho com gergelim e pimenta chili 187
Frango ao molho de limão e arroz com ervas 167
Frango assado com molho cremoso de limão 132
Galeto com recheio de castanha ao molho de calvados 183
Galeto com tempero picante e limão grelhado 64
Risoto de frango pochê com azeite trufado e estragão 190
Salada de cevada pérola e frango temperada com harissa 85
Wraps gourmet de frango com maionese de chipotle, vinagrete e salada 160
frutas secas *veja* uvas-passas brancas
frutas vermelhas *veja* amoras; mirtilos; cerejas; cranberry; framboesas; morangos
frutos do mar *veja* caranguejo; peixes; camarões
frutos secos *veja* avelãs; nozes-pecãs; pistaches; nozes

G
galeto
Galeto com recheio de castanha ao molho de calvados 183
Galeto com tempero picante e limão grelhado 64
ganache 11
Ganache de chocolate 270
geleias
Geleia de cebola caramelizada 223
gengibre
Coquetel de vodca com maçã, gengibre e cranberry 111
Costelinha de porco com *ginger ale* 170
Musse de limão e gengibre com crocante de avelãs 238
Smoothie de banana, morango e gengibre 18
Torta de maçã, gengibre e mirtilos 280
gergelim
Frango ao molho com gergelim e pimenta chili 187
granita
Granita de laranja sanguínea, manga e pêssego 250
Granita de melancia, sal e pimenta 286
Granola tostada do Bob 37
grão-de-bico
Pasta de feijão-branco, grão-de-bico e alho 211, 5
Salada de arroz selvagem, menta e grão-de-bico com molho de vinagre de maçã 100
Salada de cuscuz com tomates tostados, grão-de-bico e ovos 94
grãos *veja* cevada
gremolata
Carne assada com gremolata de ervas e pimenta 51
Guinness
Torta de carne e cerveja 135

H
hambúrgueres
Hambúrgueres australianos picantes 144
Hambúrgueres de carne bovina e suína 108
harissa *veja* condimentos

I
iogurte
Iogurte de estragão e limão siciliano 88
Molho de iogurte e menta 175
veja também labna

L
labna (queijo de iogurte)
Pizza de labna, tomates semissecos e molho verde 172
laranjas
Bolo de laranja sanguínea e alecrim 247
Granita de laranja sanguínea, manga e pêssego 250
Tangerinas com caramelo de flor de laranjeira e algodão-doce 258
laranjas sanguíneas
Bolo de laranja sanguínea e alecrim 247
Granita de laranja sanguínea, manga e pêssego 250

Lasanha de porco e vinho tinto do Mick 176, 178
leguminosas *veja* feijões; grão-de-bico; lentilhas; ervilhas
lentilhas
　Salada de quinoa e lentilha com aspargos, menta e queijo de coalho 99
limão siciliano e limão taiti 10
　Aspargos com pimenta, limão e menta 219
　Brócolis com pancetta, nozes e limão 200
　Cordial de limão da Madeleine 125
　Frango ao molho de limão e arroz com ervas 167
　Frango assado com molho cremoso de limão 132
　Galeto com tempero picante e limão grelhado 64, 11
　Iogurte de estragão e limão siciliano 88
　Milho verde com manteiga de pimenta chili, menta e limão 205
　Molho de ervas e limão 193
　Molho de limão e vinagre para salada 67
　Musse de limão e gengibre com crocante de avelãs 238
　Salada de fregola com bacon, ervilhas baby e conserva de limão siciliano 103
limão *veja* limão siciliano e limão taiti

M
maçã
　Coquetel de vodca com maçã, gengibre e cranberry 111
　Muffins de morango, maçã e amêndoa 26
　Porco assado com recheio de maçã, damasco e pistache 136
　Repolho assado com maçãs e uvas-passas brancas 216
　Rolinhos de porco, maçã e pistache 126
　Torta de maçã, gengibre e mirtilos 280
maionese 10–11
　Bolinhos de caranguejo com maionese rosa picante 119
　Wraps gourmet de frango com maionese de chipotle, vinagrete e salada 160
　Maionese de pimenta chipotle 160
　Maionese rosa picante 119
manchego
　Salada de chorizo e batata com rúcula e lascas de queijo manchego 82
　Tomates tostados com queijo manchego 71
mangas
　Granita de laranja sanguínea, manga e pêssego 250
manjericão
　Pesto 233
　Sorvete de morango, manjericão e pimenta-do-reino 254
　Manteiga de anchovas 185
mascarpone
　Tortinhas de ruibarbo, mascarpone e avelãs 249
massa para tortas 10
　Massa podre 115
massas

Canelone com frango, cogumelos e nozes 179
Fettuccine com camarão, creme de leite e tomate seco 142
Lasanha de porco e vinho tinto do Mick 176, 178
Macarrão cremoso assado com salame e pimenta 155
Orecchiette com tomates tostados ao molho de pecorino 57
Ravióli de abóbora com molho de manteiga e nozes-pecãs 150, 152
menta
　Aspargos com pimenta, limão e menta 219
　Ervilhas baby com menta 202
　Milho verde com manteiga de pimenta chili, menta e limão 205
　Molho de alcaparras e menta 233
　Molho de iogurte e menta 175
　Salada de arroz selvagem, menta e grão-de-bico com molho de vinagre de maçã 100
　Salada de quinoa e lentilha com aspargos, menta e queijo de coalho 99
　Milho verde com manteiga de pimenta chili, menta e limão 205
　Miniovos benedict 122
mirtilos
　Torta de maçã, gengibre e mirtilos 280
molho
　Pizza de labna, tomates semissecos e molho verde 172
　Vinagrete 160
molhos
　Butterscotch salgado 253
　Frango assado com molho cremoso de limão 132
　Maionese de pimenta chipotle 160
　Maionese rosa picante 119
　Manteiga de anchovas 185
　Manteiga de pimenta chili, menta e limão 205
　Molho amendoado de manteiga 150, 152
　Molho bechamel 176
　Molho bechamel cremoso 179
　Molho branco 138, 141
　Molho de alcaparras e menta 233
　Molho de calvados 183
　Molho de cereja 220
　Molho de limão siciliano 167
　Molho de tomate 175
　Molho para paleta desfiada 58, 60
　Molho picante 189
　Molho tailandês 55
　Orecchiette com tomates tostados ao molho de pecorino 57
　Pesto 233
　veja também pastas
molhos para salada
　Molho de alcaparras 96
　Molho de algas e vinagre 120
　Molho de ervas e limão 193
　Molho de iogurte e menta 175
　Molho de limão e vinagre para salada 67
　Molho de mostarda balsâmico 86
　Molho de mostarda suave 81
　Molho de vinagre balsâmico para salada 93
　Molho de vinagre de maçã 58, 60, 100
morangos
　Muffins de morango, maçã e amêndoa 26

Smoothie de banana, morango e gengibre 18
Sorvete de morango, manjericão e pimenta-do-reino 254
muffins
　Muffins de morango, maçã e amêndoa 26
musse
　Musse de chocolate e café com uísque irlandês 275
　Musse de limão e gengibre com crocante de avelãs 238

N
nozes
　Brócolis com pancetta, nozes e limão 200
　Canelone com frango, cogumelos e nozes 179
　Cogumelos na torrada com nozes e queijo de cabra 35
nozes-pecãs
　Ravióli de abóbora com molho de manteiga e nozes-pecãs 150, 152

O
orecchiette
　Orecchiette com tomates tostados ao molho de pecorino 57
ovos 11
　Beijos de suspiro de chocolate e framboesa 243
　Miniovos benedict 122. *Consulte*
　Ovos assados com batata, presunto cru e pimenta chili 29
　Ovos mexidos extracremosos da Katie com salmão defumado e espinafre 30
　Patatas bravas com presunto e ovo 74
　Risoto de cogumelo e bacon com ovo poché 168
　Salada de cuscuz com tomates tostados, grão-de-bico e ovos 94
　Salada de sementes de abóbora tostadas e agrião com ovo de pata frito 81
　Suspiros de chocolate da mamãe 262
　veja também suspiros
ovos de pata
　Salada de sementes de abóbora tostadas e agrião com ovo de pata frito 81

P
pancetta *veja* bacon e pancetta
Pangrattato 225
panquecas *veja* crepes
　Panzanella da Katie 93
　Pão irlandês com salmão defumado e wasabi 52
pastas
　Pasta de feijão-branco, grão-de-bico e alho 211
　Patatas bravas com presunto e ovo 74
pecorino
　Orecchiette com tomates tostados ao molho de pecorino 57
peixe
　Perca-gigante com salada de rabanete, vagem e agrião 68
　Sashimi de tainha com molho de algas e vinagre 120
　Torta de peixe da Katie com cobertura de bacon crocante e alho-poró 138, 141

penne
  Macarrão cremoso assado com salame e pimenta 155
pêssegos
  Granita de laranja sanguínea, manga e pêssego 250
  Pêssegos assados com mel 265
pesto
  Biscoito de parmesão com pesto e tomate 116
  Pesto 233
pimenta chili
  Aspargos com pimenta, limão e menta 219
  Caranguejo picante refogado 189
  Carne assada com gremolata de ervas e pimenta 51
  Frango ao molho com gergelim e pimenta chili 187
  Granita de melancia, sal e pimenta 286
  Hambúrgueres australianos picantes 144
  Manteiga de pimenta chili, menta e limão 205
  Milho verde com manteiga de pimenta chili, menta e limão 205
  Molho picante 189
  Ovos assados com batata, presunto cru e pimenta chili 29
  Macarrão cremoso assado com salame e pimenta 155
pimentão
  Panzanella da Katie 93
  Pimentão tostado e chutney de berinjela 230
  Sopa do Colm 48
pistache
  Porco assado com recheio de maçã, damasco e pistache 136
  Rolinhos de porco, maçã e pistache 126
pizza
  Pizza de carne de cordeiro picante com molho de iogurte e menta 175
  Pizza de labna, tomates semissecos e molho verde 172
porco
  Costelinha de porco com *ginger ale* 170
  Hambúrgueres de carne bovina e suína 108
  Lasanha de porco e vinho tinto do Mick 176, 178
  Porco assado com recheio de maçã, damasco e pistache 136
  Rolinhos de porco, maçã e pistache 126
  Salada vietnamita com porco à pururuca 67
  Sanduíche de paleta desfiada com salada de repolho e vinagre de maçã 58, 60
presunto e presunto cru
  Crostini de feijão-branco, presunto cru e alho 112
  Ovos assados com batata, presunto cru e pimenta chili 29
  Patatas bravas com presunto e ovo 74
purê de batatas
  purê de batatas 138, 141
  Purê irlandês da Katie 214
  Torta madalena com queijo e alho 162

Q
queijo *veja* feta; queijo de cabra; queijo de coalho; labna; manchego; mascarpone; parmesão; pecorino

queijo de cabra
  Cogumelos na torrada com nozes e queijo de cabra 35
  Tortinhas de queijo de cabra e cebola caramelizada com calda balsâmica 62
Queijo de coalho
  Salada de quinoa e lentilha com aspargos, menta e queijo de coalho 99

R
rabanete
  Perca-gigante com salada de rabanete, vagem e agrião 68
ravióli
  Ravióli de abóbora com molho de manteiga e nozes-pecãs 150, 152
recheando
  Galeto com recheio de castanha ao molho de calvados 183
  Porco assado com recheio de maçã, damasco e pistache 136
  Recheio de castanhas 183
  Recheio frangipane 245
relishes e chutneys
  Pimentão assado e chutney de berinjela 230
  Relish balsâmico de beterraba 220
  Relish de tomate picante 228
  veja também molhos
repolho
  Repolho assado com maçãs e uvas-passas brancas 216
  Salada de repolho roxo e erva-doce com iogurte de estragão e limão 88
  Sanduíche de paleta desfiada com salada de repolho e vinagre de maçã 58, 60
repolho roxo
  Repolho assado com maçãs e uvas-passas brancas 216
  Salada de repolho roxo e erva-doce com iogurte de estragão e limão 88
  Risoto de frango pochê com azeite trufado e estragão 190
  Rolinho vegetariano da Jill 194
  Rolinhos de porco, maçã e pistache 126
rúcula
  Salada de chorizo e batata com rúcula e lascas de queijo manchego 82
ruibarbo
  Torta frangipane de ruibarbo 245
  Tortinhas de ruibarbo, mascarpone e avelãs 249

S
saladas 77-103
  Panzanella da Katie 93
  Perca-gigante com salada de rabanete, vagem e agrião 68
  Salada de arroz selvagem, menta e grão-de-bico com molho de vinagre de maçã 100
  Salada de cevada pérola e frango temperada com harissa 85
  Salada de chorizo e batata com rúcula e lascas de queijo manchego 82
  Salada de cuscuz com tomates tostados, grão-de-bico e ovos 94
  Salada de fregola com bacon,
ervilhas baby e limão siciliano 103
  Salada de pancetta caramelizada, queijo feta e molho balsâmico 86
  Salada de quinoa e lentilha com aspargos, menta e queijo de coalho 99
  Salada de repolho e vinagre de maçã 58, 60
  Salada de repolho roxo e erva-doce com iogurte de estragão e limão 88
  Salada de sementes de abóbora tostadas e de agrião com ovo de pata frito 81
  Salada vietnamita com porco à pururuca 67
  Wraps gourmet de frango com maionese de chipotle, vinagrete e salada 160
salame
  Macarrão cremoso assado com salame e pimenta 155
salmão defumado
  Ovos mexidos extracremosos da Katie com salmão defumado e espinafre 30
  Pão irlandês com salmão defumado e wasabi 52
  Sanduíche de paleta desfiada com salada de repolho e vinagre de maçã 58, 60
sashimi
  Sashimi de tainha com molho de algas e vinagre 120
smoothies
  Smoothie de banana, morango e gengibre 18
Sopa do Colm 48
sorvete
  Sorvete de baunilha com *butterscotch* salgado e amêndoas tostadas com mel 253
  Sorvete de morango, manjericão e pimenta-do-reino 254
suspiros 11
  Beijos de suspiro de chocolate e framboesa 243
  Suspiros de chocolate da mamãe 262

T
tangerinas
  Tangerinas com caramelo de flor de laranjeira e algodão-doce 258
tomates
  Biscoitos de parmesão com pesto e tomate 116
  Fettuccine com camarão, creme de leite e tomate seco 142
  Molho de tomate 175
  Orecchiette com tomates tostados ao molho de pecorino 57
  Panzanella da Katie 93
  Pizza de labna, tomates semissecos e molho verde 172
  Relish de tomate picante 228
  Salada de cuscuz com tomates tostados, grão-de-bico e ovos 94
  Sopa do Colm 48
  Tomates tostados com queijo manchego 71
tomilho
  Anéis de cebola assados com tomilho 223
  Cenouras baby com tomilho, avelãs e vinho branco 206
tortas

Torta de carne e cerveja 135
Torta de maçã, gengibre e mirtilos 280
Torta de peixe da Katie com cobertura de bacon crocante e alho-poró 138, 141
Torta madalena com queijo e alho 162
Tortinhas australianas de carne e bacon 115
Tortinhas de queijo de cabra e cebola caramelizada com calda balsâmica 62
Tortinhas de ruibarbo, mascarpone e avelãs 249

U

uísque irlandês
  Musse de chocolate e café com uísque irlandês 275
uvas-passas brancas
  Bolinhos de cenoura com passas ao Cointreau 277
  Repolho assado com maçãs e uvas-passas brancas 216

V

vagem
  Perca-gigante com salada de rabanete, vagem e agrião 68
vidros para conserva, esterilizando 11
vinagre *veja* vinagre balsâmico; molhos para salada
vinagre balsâmico
  Molho de mostarda balsâmico 86
  Molho de vinagre balsâmico para salada 93
  Relish balsâmico de beterraba 220
vinagre de maçã
  Molho de vinagre de maçã 100
  Sanduíche de paleta desfiada com salada de repolho e vinagre de maçã 58, 60
vinho
  Cenouras baby com tomilho, avelãs e vinho branco 206
  Lasanha de porco e vinho tinto do Mick 176, 178
vodca
  Coquetel de vodca com maçã, gengibre e cranberry 111

W

wasabi
  Pão irlandês com salmão defumado e wasabi 52
Wraps gourmet de frango com maionese de chipotle, vinagrete e salada 160

Copyright © Katie Quinn Davies, 2012

O selo Panelinha é uma divisão da Editora Schwarcz S.A.
PUBLISHER Rita Lobo

Grafia atualizada segundo o Acordo Ortográfico da Língua Portuguesa de 1990, que entrou em vigor no Brasil em 2009.

TÍTULO ORIGINAL What Katie Ate
CAPA Joana Figueiredo
FOTO DE CAPA Katie Quinn Davies
FOTOS Katie Quinn Davies
PREPARAÇÃO Lígia Azevedo
REVISÃO Ana Maria Barbosa e Angela das Neves

Dados Internacionais de Catalogação na Publicação (CIP)
(Câmara Brasileira do Livros, SP, Brasil)

Davies, Katie Quinn
   Quando Katie cozinha : receitas e outras cozinhas / Katie Quinn Davies ; tradução Eni Rodrigues. — São Paulo : Editora Panelinha, 2013.

   Título original: What Katie Ate.
   ISBN 978-85-67431-01-7

   1. Culinária (Receitas) 2. Receitas I. Título.

13-11440   CDD-641.5

Índice para catálogo sistemático:
1. Receita : Culinária   641.5

1ª reimpressão

2014
Todos os direitos desta edição reservados à
EDITORA SCHWARCZ S.A.
Rua Bandeira Paulista, 702, cj. 32
04532-002 — São Paulo — SP
Telefone: (11) 3707-3500
Fax: (11) 3707-3501

www.panelinha.com.br
editor@panelinha.com.br

Esta obra foi composta em Trixie Plain e Orator por Joana Figueiredo e impressa pela RR Donnelley sobre papel paperfect da Suzano Papel e Celulose para a editora Schwarcz em março de 2014.

MISTO
Papel produzido a partir de fontes responsáveis
FSC® C101537

A MARCA FSC® É A GARANTIA DE QUE A MADEIRA UTILIZADA NA FABRICAÇÃO DO PAPEL DESTE LIVRO PROVÉM DE FLORESTAS QUE FORAM GERENCIADAS DE MANEIRA AMBIENTALMENTE CORRETA, SOCIALMENTE JUSTA E ECONOMICAMENTE VIÁVEL, ALÉM DE OUTRAS FONTES DE ORIGEM CONTROLADA.